Ça va chauffer !

Le livre citoyen
une collection dirigée par **Michel le Duc**

Dans la même collection
Mais que fait le maire ?
Hubert Ledoux et Jean-Pierre Balduyck

À paraître dans Génération urbaine
une collection dirigée par **Michel le Duc**
Des villes sans politique
Jean-Michel Roux
Sarcelles, une utopie réussie ?
Linda Bendali

Des mêmes auteurs

Magali Bardou
(coordination avec Jacques Testart)
Réflexions pour un monde vivable.
Propositions de la Commission française
du développement durable (2000-2003)
éditions Les mille et une nuits

Judith Raoul-Duval
avec Catherine Bastien-Ventura et Michel Girin
Marées noires et environnement
éditions de l'Institut Océanographique

Illustration de couverture et dessins : Robin

LE LIVRE CITOYEN

Magali Bardou
Judith Raoul-Duval

Ça va chauffer !

GULF STREAM ÉDITEUR

Sommaire

Aux actes, citoyens !

Une préface de Benjamin Dessus

Depuis quelques années, la perspective et la crainte d'un changement climatique rapide, qui inquiètent les scientifiques depuis déjà bien longtemps, sont entrées dans notre espace quotidien de préoccupations. La canicule de 2003, les inondations et cyclones à répétition, autant de catastrophes dont nous commençons à nous demander si elles sont aussi "naturelles" qu'on pourrait le croire.

Émissions télévisées ou radiophoniques sur l'effet de serre et ses conséquences se succèdent. Nos meilleurs experts s'y affrontent dans des débats souvent incompréhensibles. Quant au discours politique, il nous dresse généralement un tableau sans concession des catastrophes qui nous guettent pour mieux nous rassurer : la science et la technique, au service de leurs ambitions, de notre génie national et de nos grandes entreprises, vont trouver la parade. "Dormez donc tranquilles, citoyens électeurs, nous sommes là", nous disent-ils. De toute façon, c'est bien trop compliqué pour vous. Tout au plus, en attendant ces lendemains qui chantent, électeurs consommateurs, faites un effort "citoyen" pour moins rouler dans les très grosses voitures et les 4x4 qu'il vous faut néanmoins continuer à acheter pour soutenir nos industries nationales et nos emplois.

Alors, nous restons perplexes et inquiets, sans vraiment comprendre les tenants et aboutissants de toute cette affaire : quel est l'état des controverses scientifiques, s'il en existe encore, sur la réalité des dangers qui nous guettent, sur notre responsabilité dans le changement de climat ? Et si celle-ci est avérée, à travers quels comportements, à travers quelles pratiques, en sommes-nous individuellement et collectivement responsables ? À quoi pouvons-nous nous attendre en termes de changement climatique et quand ? Et surtout peut-être, qu'y pouvons-nous, nous les citoyens ordinaires ?

Le petit livre de Magali Bardou et de Judith Raoul-Duval a l'immense mérite de mettre à plat, dans des termes simples et compréhensibles pour tout un chacun, les éléments de réponse dont on dispose aujourd'hui.

Entreprise décapante et quelque peu iconoclaste dans sa simplicité tranquille, dans un domaine qui reste largement (et très volontairement de leur part) réservé à un très petit nombre d'experts et à une administration jalouse de ses prérogatives, jacobine et fortement influencée par les lobbies industriels.

D'où un livre court, très abordable, qui se veut un point de départ pour la réflexion et l'action. Belle et saine ambition que de contribuer à faire passer le citoyen d'une situation passive de spectateur inquiet à celui d'acteur dans ce domaine qui nous concerne tous.

Pari, largement réussi, qui remet le citoyen au centre du débat, en tant que consommateur, certes, mais surtout en tant qu'acteur principal des choix collectifs locaux, territoriaux, et plus largement nationaux et globaux. Choix qui s'imposent pour réagir à temps et sortir du piège irréversible qui se referme sur nous et nos enfants.

Cette contribution à l'exercice d'une citoyenneté éclairée apparaît d'autant plus nécessaire à la lecture des derniers chapitres de ce livre, consacrés successivement à ce qu'il faudrait faire et à ce qui se fait. Le contraste est saisissant. Les auteurs nous montrent l'ampleur potentielle de nos marges d'action et “en creux” l'inadéquation totale des mesures proposées (et d'ailleurs généralement même pas mises en œuvre) de nos gouvernements, en particulier dans notre pays.

Pour sortir de cette schizophrénie suicidaire entre le discours et l'action, l'intervention et la vigilance du citoyen sont indispensables. Je souhaite et je suis convaincu que ce petit ouvrage y contribuera largement.

BENJAMIN DESSUS
Président de l'association Global Chance

Chapitre 1

L'effet de serre, c'est quoi ?

L'effet de serre naturel

La terre est entourée de plusieurs épaisses couches de gaz qui forment l'atmosphère. On y trouve un très grand nombre de particules : de l'oxygène, de l'hydrogène, de l'azote, mais aussi de la vapeur d'eau, des poussières de diverses natures, du dioxyde de carbone (CO_2), de l'ozone, du méthane, des sulfates d'hydrogène, des chlorofluorocarbones (CFC) et d'autres encore. Ces particules et ces gaz ont tous des propriétés très particulières et leur comportement est différent vis-à-vis des rayons lumineux : ils n'ont pas les mêmes propriétés optiques.

Dans le système solaire, la principale source de rayonnement* est bien sûr le soleil. La terre reçoit du soleil des rayons de diverses natures : rayons ultraviolets, rayons infrarouges* et rayons lumineux.
Parmi les rayons reçus, une partie est réfléchie vers l'atmosphère (comme un miroir renvoie une image), l'autre partie est absorbée, ce qui réchauffe la terre. Cette chaleur est ensuite réémise partiellement sous forme de rayons infrarouges.

Ces rayons infrarouges quittent la surface de la terre en direction de l'espace ; ils traversent donc l'atmosphère. Parmi les gaz et les particules en suspension dans les différentes couches de l'atmosphère, certains laissent passer les rayons infrarouges, d'autres les arrêtent et piègent ainsi la chaleur réémise par la terre. Parmi eux, on trouve : le dioxyde de carbone ou gaz carbonique (CO_2), le méthane (CH_4), les oxydes d'azote (N_2O en particulier), la vapeur d'eau (H_2O) et quelques gaz fluorés comme les chlorofluorocarbones (CFC) et les perfluorocarbones (PFC).

C'est grâce à ces gaz, qui interceptent les rayons infrarouges émis par la terre, que les basses couches de l'atmosphère conservent en permanence une certaine quantité de chaleur. Sans eux, la majeure partie de l'énergie solaire reçue par la terre serait renvoyée directement dans l'espace. Il ferait par conséquent beaucoup plus froid sur terre : d'après les calculs des physiciens, la température serait de -17° C en moyenne au lieu de +15° C qui est la température régnant depuis des millions d'années, à la surface de la terre. C'est donc grâce à ces gaz contenus dans l'atmosphère que notre planète bénéficie d'une température permettant l'existence d'innombrables êtres vivants.

On appelle effet de serre naturel ce phénomène de piégeage de la chaleur dans l'atmosphère. Les gaz qui bloquent les rayons réfléchis par la terre s'appellent les gaz à effet de serre. On utilise cette expression parce que les gaz empêchent la chaleur de sortir de l'atmosphère comme la vitre empêche la chaleur de sortir d'une serre, même si la comparaison est inexacte parce qu'il ne s'agit pas du même phénomène. En effet, le verre empêche l'air chaud de sortir de la serre alors que dans le cas de l'effet de serre, l'air circule librement ; seuls les rayons infrarouges sont piégés.

Il est aisé de comprendre que si ces gaz à effet de serre se multipliaient dans l'atmosphère, celle-ci retiendrait plus de chaleur. Il se trouve que de nombreuses activités humaines émettent aujourd'hui nombre de ces gaz dans l'atmosphère et provoquent ce que l'on appelle un effet de serre additionnel car il s'ajoute à l'effet de serre naturel.

***Le rayonnement**
C'est la propagation d'énergie sous forme de particules (rayonnement corpusculaire) ou de vibrations (rayonnement thermique, acoustique, électromagnétique).

***Les rayons infrarouges**
Ce sont des rayonnement électromagnétiques. Tout corps chauffé émet un rayonnement infrarouge (par exemple, la terre chauffée par le soleil). Les applications techniques des infrarouges sont très nombreuses : astronomie (étude de la constitution des étoiles), météorologie (observation par satellite), observation de nuit (lunette à infrarouge), étude de la végétation, recherches archéologiques, etc.

L'effet de serre d'origine humaine

Depuis l'apparition des premiers hommes et jusqu'à une période assez récente (moins d'un siècle), la teneur de l'atmosphère en gaz et particules diverses est restée stable. Mais depuis la révolution industrielle, et de manière croissante, les activités humaines rejettent dans l'atmosphère de grandes quantités de gaz à effet de serre. Lorsque l'on a inventé les machines à vapeur, puis les machines électriques, utilisant comme source d'énergie le charbon, puis le pétrole et le gaz naturel, les émissions ont augmenté de plus en plus rapidement. Outre l'industrialisation, le passage à la consommation de masse ainsi que les modifications de nos modes de vie (généralisation des déplacements en avion, utilisation massive de la voiture), combinés à une forte croissance démographique, sont des facteurs d'augmentation du CO_2 atmosphérique. Par exemple, lorsque l'on brûle du charbon ou du pétrole (appelés combustibles fossiles*) pour faire fonctionner les centrales électriques, les avions ou les voitures, leur combustion dégage du CO_2 qui est l'un des gaz à effet de serre.

Aujourd'hui, les hommes injectent dans l'atmosphère, sous forme de CO_2, environ 7 milliards de tonnes de carbone par an, (soit 4 kg par homme et par jour) dont plus de la moitié s'accumule dans l'atmosphère, le reste étant absorbé par l'océan, la végétation et les sols. Tous les ans, la quantité de CO_2 atmosphérique augmente de 0,5 %. Avec un tel taux de croissance, il y aura deux fois plus de CO_2 dans l'atmosphère dans 140 ans ! Ce taux de croissance étant lui-même en augmentation constante, le doublement du taux de CO_2 atmosphérique devrait intervenir encore plus tôt : avant la fin du XXIe siècle.

Si le CO_2 vient en tête des émissions de gaz à effet de serre d'origine humaine, il n'est cependant pas le seul gaz rejeté. Le méthane (CH_4) est un autre gaz à effet de serre dont la concentration atmosphérique est en pleine croissance à cause de certaines activités humaines. Il s'en dégage surtout lors des processus de fermentation liés à des pratiques agricoles comme l'élevage intensif ou la riziculture.

Toutes les activités responsables de rejets de gaz à effet de serre vont en augmentant rapidement, en lien direct avec l'explosion démographique que nous connaissons depuis un siècle environ.

***Les combustibles fossiles**

Un combustible est une matière qui, au cours d'une réaction chimique, produit de la chaleur. Lorsqu'il provient de matière organique décomposée et enfouie dans le sol, on parle de combustible fossile. Les hydrocarbures (pétrole, gaz naturels), qui ont mis des dizaines de millions d'années à se former, sont les principaux combustibles fossiles. N'étant pas renouvelables, ces ressources arriveront un jour à épuisement.

L'effet de serre et le trou d'ozone, est-ce la même chose ?

Contrairement à ce que l'on entend trop souvent dire, le trou dans la couche d'ozone n'est en aucun cas responsable du réchauffement de la planète. De plus, il ne s'agit pas à proprement parler d'un trou, mais d'une réduction de l'épaisseur de la couche d'ozone. L'ozone est un gaz composé d'atomes d'oxygène. On en trouve en quantités importantes dans la stratosphère (couche de l'atmosphère située entre 19 et 30 km d'altitude). Présent dans cette couche, il nous protège des rayons ultraviolets émis par le soleil, lesquels sont dangereux pour nous (ils provoquent des cancers de la peau) et probablement aussi pour certains écosystèmes.
Protecteur s'il reste en haute atmosphère, ce gaz devient nocif pour nos poumons lorsque nous le respirons : c'est pourquoi l'on parle de pollution à l'ozone lorsque sa teneur dans la troposphère (basse atmosphère) atteint un certain seuil. C'est le cas lorsque chaleur, anticyclone et émissions de gaz d'échappement se combinent, en particulier l'été dans les grandes villes et aux abords des routes.

Si la pollution à l'ozone constitue bien un problème de santé publique, le problème auquel fait référence l'expression "trou d'ozone" concerne l'ozone stratosphérique.

En 1985, des scientifiques mesurent en Antarctique l'épaisseur de la couche d'ozone stratosphérique. Elle est si fine qu'ils pensent que leurs instruments sont en panne. Par la suite, des études ont montré que l'utilisation de certains gaz d'usage courant depuis les années 1930, les CFC, que l'on trouve dans les réfrigérateurs, les congélateurs et les bombes aérosols, étaient responsables à 80 % de cette destruction de la couche d'ozone. Les molécules de CFC, lorsqu'elles arrivent jusqu'à la stratosphère, sont cassées par les photons et se décomposent en composés chlorés plus simples, qui à leur tour détruisent les molécules d'ozone. Les réactions chimiques complexes qui conduisent à cette destruction de l'ozone trouvent manifestement des conditions propices au niveau des pôles, pendant l'hiver polaire. Le reste de l'année, la couche d'ozone se reconstitue en partie. En 1987, lors d'un premier accord international, la plupart des pays s'engageaient à limiter leurs émissions de CFC. Un second accord les a interdits en 1995 : c'est le protocole de Montréal. De nombreux pays ont signé ce traité, accompagné de pénalités rigoureuses et d'un système d'aide mis en place pour aider les pays les plus pauvres à tenir leurs engagements.

Le succès de cette convention est lié au fait qu'il a été facile de trouver les causes du problème, et surtout d'y remédier, en utilisant des gaz de substitution pour faire fonctionner réfrigérateurs et aérosols. Les gaz responsables étaient d'un usage très limité, contrairement aux gaz à effet de serre. Pourtant malgré cette vive réaction, l'épaisseur de la couche d'ozone reste critique en Antarctique, et une diminution est apparue en Arctique.

Cet exemple montre bien que ce genre de dommages créés à l'environnement du fait d'une pollution d'origine humaine, est extrêmement lent à réparer. On estime en effet qu'il faudra plus de cinquante ans pour que la couche d'ozone se reconstitue à partir du moment où on n'enverra plus du tout de CFC dans l'atmosphère.

Pour l'effet de serre, les ordres de grandeur sont à peu près les mêmes, voire plus longs. De plus, on peut difficilement envisager d'arrêter un jour toute émission de gaz à effet de serre. On peut tout au plus espérer une diminution significative de ce type d'émissions. Cela veut dire que, même si l'on agit très rapidement, il faudra attendre de longues décennies pour inverser la tendance engagée.

Des changements imperceptibles pour nous, mais majeurs pour le climat*

Malgré tout, au quotidien, on n'a pas vraiment l'impression que le climat s'est réchauffé.
Alors, est-ce si grave que ça ?

On a calculé, grâce à des relevés de température réalisés depuis plusieurs décennies, que la température moyenne avait augmenté de 0,6 C° depuis le début du XXe siècle. Une augmentation de ce chiffre moyen ne veut pas dire pour autant qu'il fait plus chaud chaque jour de l'année et en chaque point de la terre. De plus, il s'agit d'augmentations de l'ordre de quelques centièmes de degré par an. Nos organismes ne sont pas sensibles à de si faibles modifications. Par contre, bien d'autres organismes et d'autres mécanismes physiques et biologiques y sont sensibles.

L'équilibre qui gouverne le climat actuel est fragile : il suffit de quelques petits degrés pour changer cet équilibre de façon très sensible.

En observant la glace des pôles, les cernes* des arbres, les sédiments* des mers et des lacs, les climatologues et les historiens du climat nous ont appris que le climat de la terre tel que nous le connaissons aujourd'hui est loin d'avoir été toujours le même. Divers phénomènes d'origine astronomique influent sur le climat qui varie donc naturellement, mais très lentement.

On sait par exemple que la terre, au cours de l'ère* quaternaire (période dans laquelle nous vivons actuellement et qui a commencé il y a 1,8 millions d'années), a connu plusieurs glaciations et déglaciations. Lors des glaciations, les terres émergées se sont recouvertes de glace jusqu'à des latitudes beaucoup plus basses que les pôles.

Le climat

Les conditions météorologiques moyennes d'une région, calculées sur une longue période, constituent son climat. Un climat peut fluctuer, mais les variations climatiques sont lentes et peu sensibles dans le temps de tous les jours ; elles s'étendent sur des dizaines ou des centaines d'années. Les principaux types de climats sont liés à la latitude comme les climats équatorial, tropical, tempéré et polaire ainsi qu'à la proximité de l'océan ou à l'altitude comme les climats océanique, continental, montagnard. Il existe aussi de nombreux sous-climats comme les climats méditerranéen, alpin, désertique, etc.

L'Angleterre, la Norvège, la Suède, le Canada, étaient entièrement recouverts de glace pendant l'une des dernières périodes glaciaires ; ces contrées étaient alors invivables. Or la différence entre une ère glaciaire et une ère interglaciaire, comme celle que nous vivons actuellement, n'est que de 4° C en moyenne globale. Une différence de 1, 2, 3 ou 4 degrés est donc très importante pour notre climat, qui conditionne la vie sur terre.

L'activité humaine n'est pour rien dans la succession des périodes glaciaires et interglaciaires. Cependant, le rythme du réchauffement actuel est inédit dans l'histoire de l'atmosphère de l'ère quaternaire. De plus, un réchauffement de 4° C par rapport au climat actuel, porterait la température moyenne de la terre à 19° C ; d'après ce que nous connaissons, cela ne s'est pas produit depuis plusieurs millions d'années.

Climat du passé et surprises climatiques

Lorsqu'il s'agit d'étudier une histoire aussi longue que celle du climat de la terre, les chercheurs vont aux pôles et prélèvent des carottes de glace. Ils creusent à la verticale avec des machines qui permettent l'extraction de cylindres de glace pouvant atteindre plusieurs kilomètres de long. La glace prélevée permet de retracer l'histoire du climat car les températures et la composition chimique de l'atmosphère s'inscrivent année après année dans les couches de glace qui s'accumulent – la couche la plus profonde étant la plus ancienne.

Les glaciologues disposent ainsi de données qui nous renseignent sur les climats anciens, ou paléo-climats. à partir de ces données sur le climat passé, on comprend mieux certains mécanismes physiques qui permettent aussi d'expliquer le climat actuel et d'émettre des hypothèses pour les évolutions futures.

Ainsi, par exemple, un récent forage réalisé à Vostok, en Antarctique, a révélé l'existence d'une relation très forte entre variations climatiques et concentration des gaz à effet de serre au cours des 200 000 dernières années, ce qui a renforcé la thèse du réchauffement d'origine humaine.

Plus récemment, des forages au centre du Groenland ont confirmé l'existence de variations climatiques rapides, il y a environ 10 000 ans, lors du passage de la dernière période glaciaire à la période actuelle. La terre a alors connu un réchauffement de l'ordre de 10° C en quelques dizaines d'années.

Ces variations ont, semble-t-il, affecté de manière brutale l'ensemble des variables climatiques (température, précipitations, circulation atmosphérique, etc.) et sont probablement liées à la décharge brutale d'énormes quantités d'eau douce dans l'océan, suite à la fonte de gros icebergs détachés de la calotte de glaces de l'Atlantique nord.

Aux incertitudes sur l'avenir du climat et sur la rapidité du réchauffement, cette découverte ajoute le risque de « surprise climatique » : sans que l'on puisse les prévoir, des fluctuations très rapides et de grande ampleur pourraient survenir puisqu'elles se sont produites dans le passé.

En conclusion, même si 0,6° C ne représente pas grand chose pour nous, et qu'un réchauffement de quelques degrés ne nous paraît pas perceptible, on peut supposer que le réchauffement ne fait que commencer et que le climat va changer radicalement. Les conséquences en seront multiples, pas forcément prévisibles, et probablement porteuses de grandes perturbations et de danger pour les écosystèmes* et pour de nombreuses espèces.

Depuis deux siècles, l'activité humaine a probablement commencé à modifier un cycle naturel planétaire qui fonctionnait depuis plusieurs millions d'années.

Chapitre 2

Que savons-nous vraiment ?

Quand a-t-on découvert l'effet de serre ?

Si le grand public ne connaît l'existence du problème de l'effet de serre que depuis quelques années, cela fait très longtemps que des chercheurs ont eu l'intuition de son existence.

L'expression "effet de serre", utilisée pour désigner le phénomène dont nous parlons, est née au tout début du XIXe siècle, sous la plume d'un physicien français, Joseph Fourier. Il essayait de comprendre ce qu'était la chaleur, comment elle se transformait, et comment elle se communiquait d'un corps à un autre. Fourier avait déjà compris le lien entre la température et les rayonnements (solaires et terrestres) ainsi que le rôle de serre joué par les couches de gaz atmosphériques.

Quelques décennies plus tard, le savant suédois Svante Arrhenius reprit les idées de Fourier ainsi que les travaux faits à partir de celles-ci par d'autres chercheurs. Il y ajouta ses propres calculs. Il précisa l'importance du gaz carbonique et de la vapeur d'eau dans l'effet de serre. Il calcula que si la quantité de CO_2 dans l'atmosphère doublait, la température de la terre gagnerait 4° C. Bien qu'il n'ait eu à sa disposition que des moyens bien rudimentaires de mesure, ses calculs étaient très proches de ceux que font les climatologues de nos jours.

Aujourd'hui, les échanges de chaleur entre le soleil, la terre, l'atmosphère et les océans sont mieux compris. On en sait plus sur les gaz atmosphériques et la manière dont ils interviennent dans ces échanges. Notre connaissance du système climatique s'est ainsi améliorée. Les chercheurs ont également mis au point des moyens de plus en plus sophistiqués pour mesurer les températures à la surface du globe mais aussi la teneur en différents gaz de l'atmosphère.

L'effet de serre demain

Afin de savoir quels impacts les rejets de gaz à effet de serre auront sur notre climat, dans les années et les siècles à venir, les chercheurs ont construit des modèles informatiques. Ceux-ci cherchent à représenter de façon simplifiée le comportement du climat de la terre à partir des éléments qui le composent ou l'influencent : mouvements des masses d'air, pluviométrie, vent, température, et leurs évolutions au cours du temps. Ces modèles sont si complexes, intègrent un si grand nombre de données et supposent tant de calculs, qu'ils ont besoin, pour fonctionner, des ordinateurs les plus puissants au monde. C'est ainsi que l'étude du climat a joué un rôle moteur dans les progrès de l'informatique.

Pour faire fonctionner ces modèles, on introduit dans l'ordinateur l'ensemble des données disponibles sur les conditions météorologiques mesurées à la surface de la terre (températures, pressions, humidité, vents, etc.). à partir de ces données, l'ordinateur effectue toute une série de calculs programmés par les scientifiques pour tenter de prévoir, en fonction des hypothèses qui ont servi à construire le modèle, comment le temps évoluera, dans les différentes régions de la planète, au cours des heures, des jours ou des années qui suivent.

Pour élaborer ces modèles, il a fallu analyser le fonctionnement des vents, les mouvements des masses d'air, le rôle et le comportement de la vapeur d'eau atmosphérique, les échanges de chaleur entre masses d'air, entre atmosphère et surface océanique, etc. Tous ces processus physiques ont été synthétisés sous forme d'équations, reliées les unes aux autres. Pour modéliser le climat, de nombreuses disciplines scientifiques sont donc sollicitées : la mécanique des fluides et la thermodynamique, mais aussi l'optique, l'informatique, les mathématiques et d'autres encore.

Les modèles ne sont que des représentations simplifiées des phénomènes réels, construits à partir d'hypothèses ou de théories sur les causes des mécanismes et de leurs interrelations. C'est pourquoi d'un modèle à l'autre les résultats diffèrent, et on ne peut, pour aucun d'entre eux, assurer que leurs prévisions sont justes.
De plus, l'activité humaine constitue l'un des paramètres. Il faut donc introduire dans les modèles des hypothèses sur cette activité, par exemple combien les hommes auront injecté de CO_2, de N_2O, de gaz fluorés dans l'atmosphère, dans 10, 20, 40 ans. Différents scénarios sont ensuite élaborés à partir des extrapolations des économistes, des sociologues et des énergéticiens.

De nombreux grands laboratoires de climatologie dans le monde ont créé leur modèle. Il en existe actuellement une quinzaine dans le monde et, régulièrement, les climatologues font des comparaisons entre eux pour affiner leurs résultats.

Malgré de légères différences de l'un à l'autre, tous ces modèles prédisent que la terre va continuer à se réchauffer pendant les prochaines décennies sous l'effet d'émissions croissantes de gaz à effet de serre d'origine humaine. Suivant les scénarios adoptés (forte croissance ou limitation des émissions), la température moyenne augmentera de 1,5° C à 5,8° C d'ici 2100.

Une fois accumulés dans l'atmosphère, la plupart des gaz à effet de serre y restent pendant des dizaines ou des centaines d'années.

Tout dépend de leur durée de vie, très variable d'un gaz à l'autre : le CO_2 a une durée de séjour moyenne dans l'atmosphère de 200 ans, le méthane de 12 ans environ, certains CFC de 100 ans.

En parallèle, lorsque l'océan se réchauffe, c'est le début d'une dynamique qui durera au minimum 50 ans, voire 100 ans ou plus. En effet, l'océan possède une très forte inertie : il conserve très longtemps la chaleur ou le froid qu'il emmagasine. C'est ce qui explique que les climats océaniques soient plus doux et que l'amplitude thermique près des côtes soit plus limitée qu'à l'intérieur des terres. Cela signifie que si l'on arrêtait aujourd'hui de rejeter des gaz à effet de serre, le réchauffement continuerait quand même pendant 50 à 100 ans.

Malgré ces découvertes et ces avancées scientifiques, certains mettent encore en doute de nos jours la thèse de l'influence déterminante des humains dans l'effet de serre.

De quoi sommes-nous sûrs ?

La première chose qui soit certaine, c'est l'augmentation de plus en plus rapide de la température moyenne sur terre, ce depuis plus d'un siècle.

La dernière décennie du XXe siècle montre en particulier un réchauffement planétaire d'une rapidité sans précédent. Les températures moyennes observées au cours des années 1990 ont été les plus élevées du siècle. à l'échelle planétaire, 1998 s'est révélée l'année la plus chaude depuis les premiers relevés de température (1860), 2002 la seconde année la plus chaude, 2003 et 2001 se situant en troisième et quatrième position.

D'autre part, l'augmentation constante des concentrations atmosphériques en gaz à effet de serre (notamment le dioxyde de carbone, le méthane, le protoxyde d'azote et les gaz fluorés) sur cette même période est également avérée.

La concentration de CO_2 atmosphérique est passée de 280 ppmv (parties par million en volume) au début de l'ère industrielle à plus de 350 ppmv aujourd'hui, et augmente de 1,5 ppmv par an. Celle du méthane a augmenté de 145 % en un siècle.

On sait également évaluer assez précisément les quantités de gaz émises par les différentes activités humaines (transports, secteur industriel, chauffage, activités agricoles ...) ainsi que la capacité de réchauffement de chacun des gaz.

Enfin, personne ne conteste le fait que ces gaz ont la propriété de contribuer au phénomène de l'effet de serre, que celui-ci soit naturel ou additionnel.

Que reste-t-il à prouver ?

Ce que certains – bien qu'ils soient de moins en moins nombreux – considèrent en revanche comme encore discutable, c'est le lien direct de causalité entre le réchauffement observé depuis environ un siècle et demi, et les rejets de gaz par les activités humaines. Le fait que la tendance actuelle au réchauffement se poursuive et s'accentue dans l'avenir reste également discuté.

L'une des principales thèses est que nous ne serions responsables que d'une partie du réchauffement que nous observons, et que d'autres facteurs, encore à découvrir ou incompris, interviennent dans ce réchauffement. Il se pourrait aussi que cette tendance finisse par s'inverser, par suite de l'intervention de processus que nous ne saurions prévoir : par exemple, une forte rétroaction de la vapeur d'eau (voir chapitre III, "À toute vapeur") ou une croissance des végétaux et du plancton océanique suffisante pour absorber le carbone rejeté, ou un autre type de rétroaction que nous ne connaissons pas encore …

Par ailleurs, souvenons-nous que le climat que nous connaissons aujourd'hui, n'est pas du tout celui qu'ont connu les habitants de la terre il y a, par exemple, 5 000 ans.

Il n'est donc pas complètement absurde de se demander si le réchauffement actuel n'est pas avant tout une nouvelle évolution naturelle de notre climat, qui a toujours connu des cycles de réchauffement et de refroidissement. On peut aussi se demander si le rôle des gaz à effet de serre d'origine humaine dans ce réchauffement n'est pas moindre qu'on ne l'affirme.

Le rôle du plancton dans l'océan

Les chercheurs ont longtemps pensé qu'un réchauffement des températures aurait pour effet de réduire les quantités de plancton océanique. En effet, le réchauffement, par des enchaînements complexes, entraîne une diminution de l'intensité des courants marins. Or ce sont ces courants qui ramènent vers la surface les nutriments (notamment le fer) qui permettent la croissance du plancton. Donc, le ralentissement des courants marins aurait dû avoir pour conséquence d'affamer le plancton.
Mais d'autres scientifiques – notamment des glaciologues - disent aujourd'hui le contraire. En réalisant des carottages aux pôles, ils ont découvert que le plancton s'était énormément développé pendant les périodes très chaudes du passé (il est impossible de dire pourquoi) et que, peut-être justement grâce au plancton, le CO_2 atmosphérique avait diminué durant ces mêmes périodes. Cette baisse aurait permis de revenir à des températures moins chaudes : il s'agirait d'un mécanisme d'autorégulation intéressant.

À partir de cette découverte, certains ont eu l'idée d'alimenter le plancton en fer pour qu'il se développe et augmente ainsi le stockage de CO_2 dans l'océan. Une expérience concluante a été menée en 2000, mais l'océan est un système complexe et on ne connaît pas les autres répercussions que peut entraîner cette augmentation en fer. Le principe de précaution, qui recommande de ne pas opter pour un choix technologique lorsque celui-ci peut présenter des risques pour l'environnement ou la santé, engage à éviter ce type d'expérimentation.

De la science à l'expertise : consensus et dissensions

Malgré ces légers doutes qui subsistent, un très fort consensus s'est établi depuis la fin des années 1990, dans le monde scientifique, autour des experts du Groupe intergouvernemental d'experts sur l'évolution du climat (GIEC) : le second rapport de ce groupe d'experts, qui réunit des centaines de scientifiques et de spécialistes du monde entier, concluait en 1995 que, même si l'on ne pouvait avoir de certitude absolue, “un faisceau d'éléments converge[aie]nt” vers la thèse d'un réchauffement d'origine humaine, déjà engagé.
Le rapport de 2001 allait plus loin, affirmant que “nous avons de nouvelles preuves que l'essentiel du réchauffement observé ces 50 dernières années est imputable aux activités humaines”.

Quelques voix se sont néanmoins élevées, depuis plusieurs années, pour dénoncer ce consensus. La plupart supposent que les tenants de la thèse de l'effet de serre d'origine humaine le sont par intérêt. L'intérêt des chercheurs pourrait être en effet de continuer, malgré les incertitudes, de faire parler de ce problème et de le présenter comme un danger. Ainsi la grande famille des chercheurs et des experts en réchauffement climatique (et nous savons qu'il s'agit d'une science au carrefour d'un grand nombre de disciplines) trouveraient là une bonne raison de poursuivre leurs recherches, et d'obtenir des crédits, en convainquant les hommes politiques et les industriels de l'urgence d'agir, et d'en savoir plus sur la question.

L'ingénieur en automatisme des systèmes, Yves Lenoir, dans deux ouvrages parus en 1992 et en 2001[1], soutient par exemple cette idée, s'appuyant sur un parallèle avec les ingénieurs et les chercheurs de la sphère nucléaire, qui ont toujours su jouer la carte de la nécessité du nucléaire pour obtenir des crédits, devenant un lobby de plus en plus puissant et influent. Il y aurait de même un nouveau lobby climatique, fait de chercheurs, d'experts et de militants associatifs, ayant intérêt à maintenir l'attention et surtout l'inquiétude sur la question du changement climatique, en réalité peu alarmante et en aucun cas prioritaire parmi les problèmes à traiter.

Plus récemment, le statisticien danois Bjorn Lomborg[2] utilise régulièrement la voie médiatique pour dénoncer les défenseurs de l'écologie et, parmi eux, ceux qui réclament une action pour limiter les émissions de gaz à effet de serre. D'après lui, le changement climatique, tout comme d'autres problèmes environnementaux mis au jour depuis de nombreuses années (érosion de la biodiversité, pollution des milieux naturels, surexploitation des réserves de pêche, etc), seraient largement exagérés par les mouvements écologistes. Le monde se porterait aujourd'hui mieux que jamais et les mesures destinées à protéger l'environnement confisqueraient une bonne part du PIB, qu'il y aurait lieu d'utiliser autrement. Son ouvrage le plus médiatisé, *L'écologiste sceptique*, qui semble adopter un point de vue scientifique et s'appuie sur de nombreuses analyses statistiques, a été contesté par nombre de chercheurs de différentes disciplines. Ceux-ci, dans leur très grande majorité, l'ont

1 *La vérité sur l'effet de serre*, La Découverte, 1992, et *Climat de panique*, Favre, 2001

2 Auteur de *L'écologiste sceptique*, 1998 (traduit en Français en 2004, éditions le Cherche Midi)

Le Groupe intergouvernemental d'experts sur l'évolution du climat

Le GIEC, appelé en anglais Intergovernmental Panel on Climate Change (IPCC) est une organisation qui a été mise en place en 1988 par l'Organisation Météorologique Mondiale et par le Programme des Nations Unies pour l'Environnement. Tout pays membre de l'une de ces organisations (qui sont des organisations de pays) peut être membre du GIEC ; dans la pratique quasiment tous les pays du monde sont adhérents au GIEC.

Le rôle du GIEC est « d'expertiser l'information scientifique, technique et socio-économique qui concerne le risque de changement climatique provoqué par l'homme », afin d'éclairer les pays réunis en conférences internationales sur la question du climat. Formé d'environ 5 000 scientifiques et experts du monde entier, il produit des rapports de nature scientifique et technique et ne se prononce pas sur les questions politiques. Celles-ci sont traitées lors des conférences des parties de la Convention climat qui a permis la mise en place du protocole de Kyoto.

Le GIEC se compose de trois groupes de travail. Le premier établit des diagnostics scientifiques de l'état de la recherche dans le domaine des sciences du climat, le second étudie les impacts potentiels et avérés du réchauffement, et le dernier les aspects socio-économiques des changements climatiques. Le GIEC a produit jusqu'à aujourd'hui trois rapports complets, ainsi que de nombreux rapports ou dossiers plus succincts portant sur des questions techniques précises. Les experts du GIEC considèrent aujourd'hui comme une certitude que les activités humaines ont augmenté l'effet de serre et que le climat se réchauffe. À la question « Les activités humaines ont-elles déjà influencé le climat ? », le rapport de 1990 concluait par une forte incertitude, celui de 1995 s'avançait un peu en affirmant « un faisceau d'éléments convergent » pour confirmer la thèse d'un réchauffement d'origine humaine. Le rapport de 2001 concluait : « Il est probable qu'une large part du réchauffement observé au cours des 50 dernières années est lié aux activités humaines ». Le prochain rapport du GIEC sera publié en 2007.

considéré comme scientifiquement très peu fondé, voire malhonnête et coupable de manipulation intellectuelle. Il est vrai que la plupart des démonstrations contenues dans cet ouvrage concernent des domaines dans lesquels l'auteur n'a aucune compétence scientifique, et qu'il aborde strictement par le biais de la statistique.

Retenons que les oppositions « scientifiques » à la thèse du changement climatique reposent souvent sur l'idée que le climat ne doit pas être une priorité sur l'agenda politique, d'autres problèmes méritant plus d'attention. Ce sont avant tout des arguments de nature politique qui les poussent à s'attaquer à un consensus scientifique. On voit bien ici comment la recherche interpelle le politique, et pourquoi il est nécessaire de conserver une séparation visible entre ces deux sphères, et surtout de ne pas mélanger leurs argumentaires, afin de ne pas risquer la manipulation.

Qu'en penser alors ?

Il faut savoir que dans le monde scientifique, la plupart des théories sont, un jour ou l'autre, l'objet de controverses. C'est l'une des manières dont progresse la science. Les débats contradictoires sont l'occasion pour les chercheurs de s'interroger plus avant sur leurs théories, de chercher de nouvelles démonstrations, et de faire ainsi de nouvelles découvertes, bref, d'approfondir la connaissance.

Il est donc important que le doute subsiste dans les sciences et que toutes les thèses puissent s'exprimer ; la pensée unique dans les sciences serait à l'inverse très dangereuse.

Le climat de la planète, et les équilibres qui y président, constituent un domaine par nature incertain. Il faudra donc du temps pour être tout à fait sûrs de la réalité ou non de l'effet de serre d'origine humaine et de l'ampleur de ses impacts. Cela dit, les indices s'accumulent d'année en année, les gaz rejetés dans l'atmosphère par l'homme également. Si l'on attend encore des années pour agir, en limitant nos rejets de gaz à effet de serre, et si la thèse se révèle juste, il sera alors un peu tard pour prendre les mesures qui s'imposent. La machine climatique est régie par des rythmes qui lui confèrent une forte inertie. Ainsi les effets de ce que nous faisons aujourd'hui continueront de se faire sentir et de s'amplifier pendant au moins 50 ou 100 ans.

C'est pourquoi beaucoup de voix se sont élevées depuis les années 1970 pour recommander de suivre en la matière le principe de précaution : il s'agit de s'abstenir lorsque l'on soupçonne qu'une action pourrait avoir un impact dangereux et irréversible. En l'occurrence, le principe de précaution recommande de limiter dès aujourd'hui et de manière forte nos émissions de gaz à effet de serre.

Lorsque surgissent de tels problèmes scientifico-techniques, le rôle de la science doit être de dire clairement ce que l'on sait et ce que l'on ne sait pas, laissant aux citoyens et aux hommes politiques qui les représentent, le soin de prendre les décisions en matière de choix technologiques, sociaux et économiques.

Chapitre 3

Les conséquences probables

Des conséquences multiples à l'échelle de la planète

Si elle continue au rythme de ces cinquante dernières années, la hausse générale des températures moyennes devrait avoir des conséquences multiples et différenciées suivant les régions du globes, les saisons, les périodes, ses effets ne se limitant pas aux températures. C'est la raison pour laquelle les experts ne parlent plus de "réchauffement climatique" et préfèrent l'expression "changements climatiques".

Neige et glaciers : quel avenir ?

Dans les régions enneigées tout ou partie de l'année, la couverture neigeuse au sol a commencé à diminuer depuis les années 1960, à la fois en surface et en durée annuelle, comme l'indiquent notamment les observations par satellite. Globalement, la couverture neigeuse sur l'ensemble de la planète a reculé de 10 % en 40 ans. Il est très probable que cela soit dû au réchauffement produit

par l'effet de serre, et que cette tendance continue et même s'accélère si le réchauffement s'accentue.
Les glaciers de montagne (comme les glaciers andins, ceux de l'Himalaya, ou encore les plus modestes glaciers alpins, mont Blanc en tête), les grands inlandsis* (Groenland, glacier Antarctique) ou la glace de mer (océan Glacial Arctique) ont en effet un équilibre moins solide qu'on pourrait le croire. L'augmentation de la température entraîne une fusion, ou transformation de la glace en eau, se traduisant par le recul de la glace. Il s'agit seulement d'un recul de quelques centimètres par an au maximum pour le moment, mais, même à cette vitesse, il constitue une véritable menace pour ces milieux.

Dans le détail, toutes ces régions ont déjà commencé à montrer les signes d'un réchauffement. On a mesuré que l'épaisseur des glaces de mer de l'océan Arctique, entre l'été et le début de l'hiver boréal, avait diminué de 40 % depuis 1950. Ce n'est pas encore le cas en hiver et au printemps : il existe une différence de température importante même aux pôles, entre l'été et l'hiver. Et l'été une partie des glaces polaires fond pour se reconstituer l'hiver.

Le glacier Kangerdlugssaq, sur la côte est du Groenland, recule à une vitesse annuelle de 14 km (cette vitesse était de 5 km par an dans les années 1980), confirmant l'accélération des changements climatiques. Le sommet du Kilimandjaro, la plus haute montagne d'Afrique, qui culmine à 5 892 mètres entre le Kenya et la Tanzanie, apparaît désormais quasiment sans neige et sans glace. Le Kilimandjaro a vu sa surface de glace diminuer de plus de 80 % en un siècle. Et, selon les scientifiques, celle-ci aura totalement disparu en 2020, provoquant des réactions en chaîne sur les écosystèmes des plaines qui entourent le massif volcanique.

Seulement 2,5 % de l'eau sur la terre est de l'eau douce, et cette eau est retenue pour 70 % dans les glaciers. La fonte des glaciers entraînera des conséquences graves pour les populations et les écosystèmes. Les seuls glaciers himalayens, à travers les sept grandes rivières de l'Asie, fournissent en eau deux milliards de personnes. Les verrous des lacs des glaciers ont un risque plus élevé de se rompre, entraînant des inondations majeures pour les populations en aval. Ce n'est là qu'un exemple de conséquence de la fonte des neiges.

Quand la mer monte ...

Si l'augmentation des températures moyennes provoque la fonte, au moins partielle, des grands glaciers et des inlandsis, l'eau de cette fonte se déversera alors dans la mer, soit directement, soit après s'être écoulée dans les rivières et les fleuves. Dans le même temps, la chaleur atmosphérique va aussi réchauffer les couches superficielles de l'océan. Ce réchauffement des couches superficielles a déjà commencé, au moins depuis 1950, d'après les données recueillies par les océanologues.

Une masse d'eau chaude donnée occupe naturellement plus de volume que la même masse d'eau froide. Ce phénomène est appelé “dilatation thermique des eaux”. Une élévation du niveau général des mers et des océans devrait résulter de l'échauffement des eaux océaniques, couplé à la fonte des inlandsis. Les rapports du GIEC indiquent que le niveau des mers pourrait ainsi augmenter de 50 à 88 cm d'ici 2100.

Une augmentation moyenne du niveau des mers de 10 à 20 cm (il est difficile d'obtenir des mesures plus précises) a déjà été détectée au cours du xxe siècle. Si le niveau des océans augmente de 50 cm, il est facile de conclure que les régions littorales situées à moins de 50 cm au-dessus du zéro marin seront immergées. Pays-Bas, grands deltas* côtiers, comme ceux du Bangladesh, du Gange, etc., petites îles peu montagneuses, toutes ces régions seront inondées, à moins que l'on ne parvienne à endiguer suffisamment la mer, ce qui techniquement est très difficile et dangereux.

Il y a d'autres conséquences, moins évidentes, de l'élévation du niveau des mers : les nappes d'eau souterraines peu profondes et proches des côtes, qui sont pour le moment juste au-dessus du niveau des mers et remplies d'eau douce, vont se retrouver sous le zéro marin et donc recueillir de l'eau de mer ; elles vont alors se saliniser*. C'est un grave problème car les sources d'eau douce sont essentielles pour les hommes, et le dessalement de l'eau réclame des techniques extrêmement coûteuses.

Les estuaires* et les marais littoraux peu salés, qui sont des espaces très originaux notamment en termes d'espèces biologiques, vont également se saliniser. Ceci aura des effets sur les écosystèmes qu'ils abritent, adaptés à une eau peu salée.

L'érosion des côtes, qui est le résultat de l'action de la mer et des vagues, va probablement s'accélérer dans de nombreuses régions, et les falaises vont s'ébouler plus rapidement.

Enfin, les coraux* qui ceinturent certaines îles, sont menacés eux aussi, à la fois par la montée du niveau des mers, et par le réchauffement des températures moyennes. Il s'agit en effet d'organismes très fragiles qui ne peuvent prospérer que dans des conditions très précises de niveau d'eau et de température.

Ainsi nombre de milieux naturels, d'équilibres biologiques et d'espaces de vie pour les hommes seront probablement bouleversés ou détruits de façon irréversible par la montée des eaux. Certes, cela ne constitue pas la fin du monde ; la terre, son climat, ses écosystèmes, ont toujours connu des évolutions, des espèces disparaissant, d'autres apparaissant.

En revanche, ce qui est nouveau, c'est l'importance inédite du rôle de l'activité humaine dans cette évolution, la rapidité avec laquelle ces évolutions semblent s'engager, et surtout le fait que ces modifications du milieu par l'homme pourraient bien se retourner contre lui. En effet, les milieux et les équilibres en cause sont souvent des milieux que les sociétés exploitent pour y vivre. Leur disparition pourrait signifier celle de ressources utiles ou indispensables à leur survie…

Les courants marins

Les océans sont traversés par des courants, c'est-à-dire des déplacements d'eau puissants et à peu près constants. C'est un peu comme si des rivières s'écoulaient à l'intérieur de l'océan, avec chacune son parcours.
Ces grands courants marins, qui ont tous été baptisés (Gulf Stream, Kuro Shivo, courant de Humboldt, etc.), observés, mesurés par les océanologues, sont essentiellement de deux types.

Les courants du premier type ont un parcours qui ressemble à une boucle verticale : ils plongent de la surface vers le fond, font demi-tour et remontent vers la surface, et la boucle est bouclée. Ce sont les courants thermoclines (très proches de la surface) et les courants thermohalins (un peu plus profonds). Leur existence est liée à des différences de salinité et de température entre les différentes couches d'eau que l'on rencontre dans l'océan. Comme l'eau plus salée est plus dense, elle s'enfonce et oblige l'eau moins salée à remonter. C'est le même phénomène pour l'eau froide, qui est plus dense que l'eau chaude. Pour entretenir ces courants, la température et la salinité sont donc très importantes.

Imaginez une boucle initiée à un endroit par l'enfoncement de l'eau froide ; imaginez que la source de cette eau froide se réchauffe, et que l'eau de surface ne soit plus aussi froide que l'eau des couches inférieures. À cet endroit, l'eau de surface ne plongera plus, et la boucle va s'arrêter.

Or ces courants sont intimement liés aux courants du second type, les courants profonds, qui, eux, circulent plutôt horizontalement, et sur de très grandes distances. Ils sont alimentés et entretenus par les courants thermohalins et thermoclines. Ces courants profonds remontent à certains endroits près de la surface, où, comme ils entrent en contact avec l'air, ils influencent à leur tour le climat.

Par exemple, c'est grâce au Gulf Stream*, qui transporte vers l'Europe de l'Ouest des eaux chaudes venues des alentours de la Floride, que les hivers ne sont pas trop froids le long de la côte atlantique de l'Europe. L'air froid venu du pôle Nord y est réchauffé par ces eaux plus chaudes.

Si le Gulf Stream* n'était plus nourri par les courants thermohalins et thermoclines, il ralentirait, ou son parcours pourrait dévier. Alors, les côtes occidentales de l'Europe connaîtraient peut-être des hivers dignes des grands froids canadiens... Certains scientifiques craignent que cela n'arrive un jour si la température continue d'augmenter.

Cela montre bien que l'augmentation de l'effet de serre n'entraînera pas forcément partout des températures plus chaudes toute l'année : certaines régions pourraient connaître des saisons plus froides, à cause de la perturbation des courants marins.

Le Gulf Stream

C'est un courant marin prenant naissance près des côtes de la Floride. Le Gulf Stream véhicule de la chaleur jusque sur les côtes d'Europe occidentale. Arrivée en mer de Norvège, l'eau du Gulf Stream, plus chaude et plus salée, rencontre les eaux plus froides et douces venues du pôle et plonge vers les profondeurs de l'océan. C'est alors qu'il devient un courant très profond.

À toute vapeur !

Parmi les processus qui interviennent dans le changement climatique, la vapeur d'eau, c'est-à-dire l'eau à l'état gazeux, joue un rôle tout à fait particulier ; on peut résumer ce rôle par le terme "boucle de rétroaction". Cela s'apparente un peu à un cercle vicieux.

Voilà comment s'explique ce phénomène :

L'eau est présente en grande quantité dans l'atmosphère, essentiellement sous forme gazeuse, mais aussi sous forme liquide et solide. On peut en repérer à l'œil nu, en regardant les nuages, qui sont composés essentiellement de vapeur et de gouttelettes d'eau, mais aussi, pour certains d'entre eux, de cristaux de glace.

Or, la vapeur d'eau est un puissant gaz à effet de serre ; les molécules d'eau gazeuse en suspension dans l'atmosphère laissent passer le rayonnement solaire, d'une part, et renvoient vers la terre une partie de son rayonnement infrarouge, d'autre part.

Toute cette eau présente dans l'atmosphère vient de l'évaporation de l'eau à la surface des océans et des continents. Ce sont les masses d'air chaud qui font s'évaporer l'eau de surface, et qui transportent ensuite avec elles la vapeur d'eau ainsi formée, dont une partie se transformera en nuages.

Plus une masse d'air est chaude, plus elle peut contribuer à former de la vapeur d'eau mais aussi, plus elle est capable d'en contenir et d'en transporter.

Tout cela fait que le réchauffement des températures moyennes de l'air conduira certainement à une présence plus importante de vapeur d'eau dans l'atmosphère. Celle-ci étant un gaz à effet de serre, le réchauffement de l'atmosphère sera amplifié par cette vapeur d'eau supplémentaire. C'est ce qu'on appelle une « boucle de rétroaction positive » qui peut se résumer ainsi :

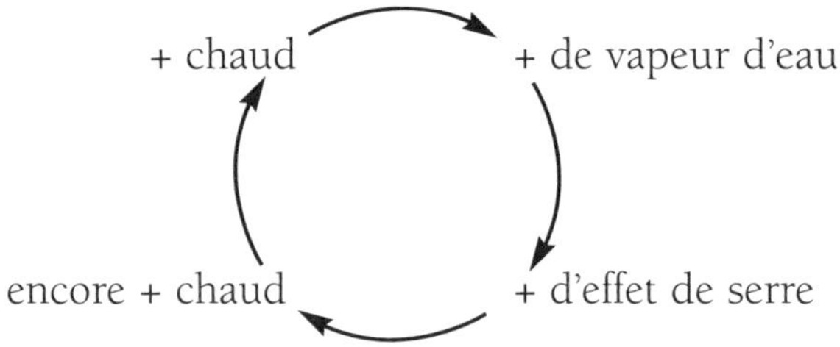

Plus de nuages, mais quels nuages ?

En réalité, le rôle de l'eau atmosphérique est plus compliqué que cela, car une bonne partie de la vapeur d'eau dans l'atmosphère se transforme en nuages. En effet, les nuages ont des propriétés différentes des simples molécules de vapeur d'eau, précisément parce qu'ils ne sont pas uniquement formés de molécules de vapeur d'eau. Leur composition leur confère des propriétés optiques bien particulières, et différentes d'un type de nuage à l'autre.

Tous les nuages n'ont pas la même forme, ni surtout la même teneur en vapeur d'eau et en cristaux de glace ; ces cristaux n'ont pas la même configuration suivant la manière dont ils se sont formés, et donc diffèrent d'un type de nuage à l'autre. Selon leur forme, leur constitution, leurs propriétés, les nuages se nomment cumulus, stratus, cirrus, cumulo-nimbus, etc.

Certains types de nuages sont plutôt opaques aux ultraviolets (qui viennent surtout du soleil) et d'autres plutôt opaques aux infrarouges (réfléchis par la surface terrestre). Ainsi, certains renvoient plus de rayonnement solaire vers l'extérieur qu'ils n'en laissent passer, tandis que les autres en laissent passer beaucoup et renvoient vers la terre les rayons qu'elle émet. Les nuages bas, comme les stratus ou les cumulus, tendent à refroidir la surface terrestre, car ils réfléchissent beaucoup le rayonnement solaire et réémettent ainsi hors de notre atmosphère de grandes quantités d'infrarouge thermique. Quant aux nuages hauts comme les cirrus, ils réagissent de façon opposée et participent au réchauffement de la basse atmosphère.

Il est extrêmement difficile de savoir quels types de nuages se formeront en plus grandes quantités dans 10, 15, 20, 50 ans et plus, quand le climat aura évolué. Supposons qu'il se forme en majorité des nuages augmentant l'effet de serre. On retrouve alors la "boucle de rétroaction positive" de la vapeur d'eau. Dans le cas contraire, les nuages seront plutôt à l'origine d'une boucle de "rétroaction négative" :

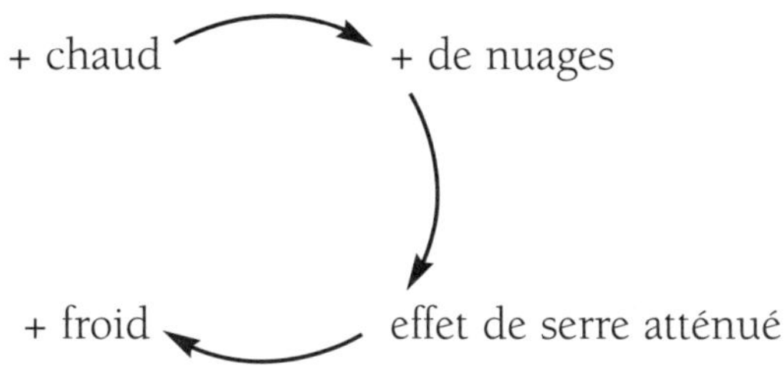

Le rôle des nuages est donc de première importance dans cette question du changement climatique et, pour le moment, nous n'avons pas les moyens de la résoudre. C'est une des raisons qui explique les écarts de prévisions entre les différents modèles climatologiques.

À chaque région ses effets

Pour essayer de prévoir quelles seront les conséquences du changement climatique lié à l'effet de serre causé par l'homme, on se sert des modèles dont nous avons parlé précédemment. La plupart des modèles montrent que les conséquences sur les climats seront différentes en fonction des moments de l'année et des grandes régions du globe.

Effets sur les climats

C'est l'hiver et la nuit que les températures moyennes devraient s'élever le plus par rapport à ce que l'on a connu jusqu'ici. Ces températures moyennes devraient augmenter plus sur terre qu'au-dessus des océans. Sur terre, c'est aux latitudes moyennes, et encore plus dans l'hémisphère nord, que le réchauffement devrait être le plus fort.

Pour la France, Météo-France a effectué des simulations sur la base d'un scénario d'émissions du GIEC. Il en résulte entre autres qu'il est fort possible que les températures estivales mesurées en 2003 – cet été caniculaire qui a eu de lourdes conséquences en termes de santé publique – deviennent habituelles à partir de 2050.

Les températures ne seront pas les seules à évoluer, les précipitations, leur répartition, leur intensité, etc., seront également affectées. On parle d'une "intensification des cycles hydrologiques". Pour simplifier, comme cela a été évoqué auparavant, des masses d'air plus chaudes sont capables d'évaporer et de contenir de plus grandes quantités d'eau. Mais cette eau ne peut rester indéfiniment sous forme de vapeur d'eau et de nuages, et lorsqu'elle rencontre un certain nombre de conditions, cette eau finit par se transformer en pluie. Les spécialistes du climat s'accordent donc à prévoir une augmentation globale des précipitations.

Cependant, cette augmentation globale sera très inégalement répartie suivant les régions du globe et les périodes de l'année. Au stade actuel, les modélisations ne sont pas assez précises en ce qui concerne la répartition régionale des effets du réchauffement pour que l'on puisse savoir de façon claire quelles régions seront plus arrosées, et à quelles périodes de l'année. Les climatologues avancent tout de même certaines prévisions, avec une marge d'incertitude bien sûr. Par exemple, la région méditerranéenne devrait être plus arrosée l'hiver et connaître des périodes de sécheresse plus prononcées l'été.

Le temps se fâchera-t-il ?

Régulièrement, les côtes occidentales des continents (comme la côte atlantique pour l'Europe) connaissent des tempêtes. Celles-ci sont liées à l'affrontement entre des masses d'air en mouvement qui ont des caractéristiques différentes : elles sont plus ou moins froides, et plus ou moins humides. Elles n'ont pas non plus la même pression, l'air froid est plus lourd que l'air chaud. C'est de ces différences entre masses d'air que naît l'énergie libérée dans les tempêtes, créant grand vent, vagues puissantes et, souvent, fortes pluies.

Si le climat se réchauffe globalement, mais que la chaleur ne se répartit pas partout de la même manière, les masses d'air qui se rencontrent pour créer les tempêtes n'auront plus les mêmes caractéristiques que celles qu'on connaît aujourd'hui. Il pourrait en résulter des tempêtes plus fortes, ou plus fréquentes, ou se déplaçant vers des régions qui habituellement n'en connaissent pas, occasionnant bien sûr des dégâts. Certains prévoient que des ouragans de type tropical pourraient même, à l'avenir, toucher les côtes françaises.

En effet, la condition pour que naisse un ouragan est que la température à la surface de l'océan soit au moins égale à 27°C. Actuellement, on ne rencontre pas de telles températures à proximité de nos côtes, mais à l'avenir les eaux océaniques pourraient se réchauffer suffisamment pour que cela puisse advenir.

Quant aux cyclones qui prennent naissance dans les mers tropicales, ils pourraient aussi devenir plus fréquents, ou plus violents. Ils créent souvent des dégâts effroyables dans les îles et sur les côtes des régions tropicales. On a peine à imaginer leurs conséquences s'ils empirent. Le récent exemple de l'ouragan Katrina, et ses impacts sur la Louisiane et les états voisins, rappelle combien les territoires proches des côtes sont vulnérables. Comment les habitants et les constructions humaines dans ces régions très exposées pourront-ils s'adapter à une augmentation du risque et de l'intensité des ouragans ?

El Niño

À peu près tous les 5 ans (entre 2 et 7 ans plus exactement), El Niño est accusé de tous les maux de l'hémisphère sud : catastrophes naturelles, diminution de la pêche, sécheresse, etc. El Niño veut dire « petit enfant » en espagnol ; on l'appelle ainsi parce que ses effets commencent souvent à se faire ressentir au moment de Noël. Ils se traduisent par un courant côtier inhabituellement chaud le long de l'équateur et du Pérou, par une élévation du niveau de la mer et par des pluies intenses.

El Niño est un phénomène climatique périodique, se reproduisant régulièrement à l'échelle du siècle. Ce sont les interactions entre l'atmosphère et l'océan qui permettent à El Niño de se développer rapidement et de prendre autant d'ampleur à l'échelle du globe. Que se passe t-il ? Pendant la phase d'El Niño, on constate un affaiblissement des alizés (vents d'Est qui circulent au-dessus de l'équateur) à l'est du Pacifique. Il en résulte un déplacement des eaux chaudes vers l'est (côtes d'Amérique du Sud). Les précipitations suivant la masse chaude, il pleut alors davantage vers l'est (inondations en Amérique Latine) et moins vers l'ouest (sécheresse en

Australie). L'eau chaude empêche les eaux froides, riches en plancton, de remonter le long des côtes américaines. La population de poissons diminue alors brutalement, car le poisson se nourrit essentiellement de plancton, et les pêcheurs chiliens en pâtissent régulièrement. De plus, l'eau chaude occupe un volume plus important que l'eau froide. El Niño provoque donc également une différence importante de niveau entre la côte est et la côte ouest du Pacifique. En 1997, le niveau de l'océan sur la côte chilienne a augmenté de 18 cm par rapport au centre de l'océan, et diminué de 4 cm en Australie.

Suivant les mesures dont disposent les climatologues spécialistes de ce phénomène, il semble que les phénomènes El Niño aient été plus fréquents, plus longs et plus intenses au cours des 20 à 30 dernières années, par rapport aux 100 dernières années. On craint que le réchauffement climatique n'ait pour effet de rendre El Niño de plus en plus intense, entraînant des effets de plus en plus violents (tempêtes et inondations d'un côté, sécheresse et vulnérabilité accrue aux incendies de l'autre, pénurie de poisson prolongée, etc.).

Le climat et les écosystèmes

Les différentes régions du globe terrestre ne connaissent pas toutes le même climat, et à chaque climat correspond un type particulier de végétation. Les animaux sont adaptés au climat et à la végétation qui les entoure. Un ensemble formé par un type de végétation et la faune qui y vit, s'appelle un écosystème.

Le changement climatique, s'il se produit assez rapidement, va probablement bouleverser des écosystèmes entiers. Si la température augmente de 3° C en un siècle, ce qui est la valeur médiane entre les différents scénarios actuellement proposés par les scientifiques du GIEC, les isothermes (lignes d'égale température) devraient se déplacer vers les pôles, en moyenne d'environ 500 km par siècle, soit 5 km par an. Certes, certaines plantes peuvent migrer, grâce à la dissémination de leurs graines, et suivre ainsi le déplacement de leur aire climatique potentielle. Mais peu d'espèces ont la capacité de migrer aussi rapidement, ce qui signifie que des écosystèmes entiers seront probablement bouleversés. Il en résultera diverses conséquences sur la faune.

La photosynthèse*, qui est le mécanisme de base permettant aux végétaux de vivre et de croître, utilise du CO_2. Beaucoup de plantes ont également besoin de chaleur. Certains biologistes ont donc conclu que, dans beaucoup de régions, l'accroissement du taux de CO_2 atmosphérique et l'augmentation des températures, seraient propices à la croissance des végétaux.

Pour plusieurs régions, où les cultures sont ardues en raison de leur climat rigoureux, comme par exemple la Russie ou le Canada, c'est sans doute une bonne nouvelle.

Mais d'autres régions déjà peu humides vont recevoir encore moins d'eau à cause du réchauffement des températures. Ce manque d'eau devrait conduire à la disparition de certains végétaux.

Le CO_2 atmosphérique supplémentaire ne leur sera d'aucun secours, puisque la sécheresse est un facteur limitant pour la croissance des plantes (c'est-à-dire qu'au-delà d'un certain degré de sécheresse les plantes ne peuvent pas pousser). L'augmentation de CO_2 atmosphérique ne bénéficiera donc pas à toutes les régions, et ne saura pas toujours compenser certaines conséquences négatives dues au réchauffement.

Les conséquences sur la population et les sociétés

De même que les écosystèmes sont adaptés à un certain climat, les cultures qui nous permettent de nous nourrir, ne sont pas situées au hasard sur la planète.

La production agricole et les équilibres économiques

On fait pousser le riz là où les conditions d'ensoleillement, de température et de précipitations lui permettent de pousser. Des civilisations entières se sont ainsi structurées autour de formes d'agriculture adaptées à leur milieu.

La modification des possibilités de culture par suite des changements climatiques est particulièrement inquiétante dans des pays où une majorité de la population vit de la terre, et dont l'économie repose essentiellement sur l'activité et les exportations agricoles.

Ces pays figurent souvent parmi les pays les plus pauvres.

Le prix du changement climatique

Le changement climatique coûte déjà de l'argent. Les catastrophes de nature météorologique sont en augmentation. Au cours des 20 dernières années, le secteur des assurances a vu plus que doubler les pertes économiques qu'elles engendrent et la situation risque de s'aggraver.

Toutes les régions ne sont pas touchées de la même façon. Dans les pays méditerranéens, par exemple, les précipitations devraient diminuer de l'ordre de 20 à 40 % durant les mois d'été d'ici à 2080, causant ainsi du tort à l'agriculture et augmentant les risques de feux de forêt. Tout ceci représentera des coûts de réparation ou de gestion.

Le troisième groupe de travail du GIEC estime qu'une augmentation des températures de 2,5°C pourrait représenter à l'avenir un coût équivalent à 1,5 voire 2 % du PIB mondial. L'Institut allemand de recherche économique (DIW) est arrivé à la conclusion qu'une augmentation de seulement 1°C de la température du globe entraînerait un préjudice économique au niveau mondial de plus de 1 500 milliards d'euros par an d'ici 2050. Mais il reste très difficile de chiffrer les coûts du changement climatique et celui des mesures requises pour s'adapter aux effets de ce phénomène.

Un bon moyen de favoriser les investissements respectueux du climat serait d'intégrer au prix des marchandises le coût environnemental de leur production (pollution des eaux, rejets atmosphériques, etc.).

Parmi eux, nombreux sont ceux qui connaissent déjà aujourd'hui des problèmes d'approvisionnement en eau, et pour lesquels les prévisions laissent penser que les sécheresses vont s'aggraver avec le réchauffement. Le changement climatique pourrait ainsi avoir des conséquences graves (famines, guerres, exode,...) pour des populations entières, et pour l'économie de pays entiers, en Afrique surtout, mais également en Amérique du Sud et en Asie.

D'autres pays auront sans doute de plus grandes capacités d'adaptation. En France, par exemple, les conséquences de l'évolution du climat sur l'agriculture sont suivies de très près par des organismes de recherche agronomique, qui cherchent déjà des solutions pour l'avenir des cultures et des forêts.

Autrement dit, on réfléchit déjà à des stratégies d'adaptation aux changements : comment accompagner la migration des espèces forestières vers le nord et l'ouest, quelles modifications prévoir dans les espèces cultivées, comment les terroirs vont-ils évoluer et comment en tirer le meilleur parti ? Certes, les réponses ne sont pas simples, mais des moyens peuvent être mis en œuvre pour faire face à ces modifications. Ce n'est pas le cas dans des pays ayant moins de moyens en termes de recherche et de technologie.

Des territoires menacés

On l'a vu, il est fort probable que les océans verront leur niveau monter si le réchauffement continue. Les régions proches des océans et dont les côtes sont très proches du niveau de la mer, seront alors envahies, en partie au moins, par la montée des eaux. Ce sont des populations entières qui devront quitter les lieux où elles se sont installées.

Les habitants des petites îles peu élevées du Pacifique par exemple, devront sans doute un jour quitter leur île, leur maison, leurs animaux et leurs cultures, et émigrer vers des pays non envahis par les eaux, et qui voudront bien les accueillir. Certains habitants de ces petites îles ont déjà demandé aux instances internationales de reconnaître désormais la notion de "réfugiés climatiques", comme il existe des réfugiés politiques. En 2001, le gouvernement de Tuvalu – un ensemble de petites îles du Pacifique – a annoncé que ces îles, qui culminent à 5 m au-dessus du niveau de la mer, devraient être évacuées en cas d'élévation du niveau des mers. La Nouvelle-Zélande a accepté de recevoir un contingent annuel d'évacués, alors que l'Australie a refusé les demandes.

Les grands deltas côtiers (Nil, Bangladesh, etc.), souvent densément peuplés, seront également les premiers menacés par la remontée du niveau des mers.

Les conséquences géopolitiques et économiques de ces migrations sont pour le moment imprévisibles, mais elles seront nécessairement importantes, et probablement à l'origine de crises, nationales ou internationales.

Chapitre 4

Que faut-il faire ?

Partager les risques, partager les efforts

Le changement climatique est un problème qui concerne absolument tout le monde. Car, quel que soit le lieu où l'on habite, les effets du changement climatique se feront ressentir. Sans doute l'une des difficultés à régler globalement le problème vient-elle néanmoins de l'inégalité des impacts attendus en différentes régions du globe : certains pays peuvent faire le calcul qu'ils seront moins touchés, ou qu'un réchauffement leur sera bénéfique (hivers moins rigoureux, possibilité de diversifier les cultures par exemple).

Le système climatique étant global, les gaz rejetés à un endroit précis se retrouvent mêlés dans le brassage atmosphérique, et c'est le climat de toute la planète qui s'en trouve changé.

Ainsi, si certains rejettent trop de gaz, ils pénalisent tous ceux qui en rejettent peu ou pas. C'est pourquoi les pays et les habitants les plus émetteurs comme les plus "économes" doivent agir solidairement, pour préserver un bien qu'ils possèdent en commun.

Se concentrant sur le problème du CO_2 (qui est de loin le premier gaz responsable de l'effet de serre additionnel), les scientifiques du GIEC ont estimé que pour stabiliser la concentration de carbone dans l'atmosphère, il fallait limiter les émissions mondiales de CO_2 à 3 milliards de tonnes d'équivalent carbone par an. C'est à peu près la quantité que les océans, les sols et les végétaux (les principaux "puits de carbone" naturels) sont capables d'absorber annuellement de manière naturelle. Les émissions annuelles dépassent aujourd'hui largement cette valeur puisqu'elles atteignent environ 7 milliards de tonnes d'équivalent carbone par an.

Il y aujourd'hui plus de 6 milliards d'individus sur la planète. Cela veut dire qu'il faudrait que chaque individu n'émette pas plus de 500 kg d'équivalent carbone par an. En 2002, un Français émettait en moyenne 1,7 tonnes d'équivalent carbone par an, un Américain 5,5 tonnes et un habitant d'un des pays les moins avancés quelques dizaines de kilos. Ces chiffres montrent à quel point les habitants de la planète sont inégaux face aux émissions, et combien les efforts à faire sont énormes dans les pays les plus riches.

Ajoutons que, d'après les projections des démographes, la population mondiale devrait augmenter jusqu'à se stabiliser vers 9 milliards en 2050[3] : il faudra alors émettre encore moins de gaz à effet de serre par habitant.

Pourtant, si les pays encore peu développés poursuivent un développement semblable à celui qu'ont connu les pays du Nord, leurs émissions de gaz à effet de serre

3 Source : UNFPA (fonds des Nations Unies pour la population)

augmenteront très vite, et dépasseront largement, à elles seules, le seuil indiqué par le GIEC, ce d'ici quelques années seulement. Ajoutées aux émissions des pays développés, ces émissions seront sans doute catastrophiques pour le climat. On voit donc que tout le monde doit faire des efforts : les pays du Nord, pour diminuer leurs émissions aujourd'hui trop fortes, les pays en voie de développement, pour ne pas trop augmenter les leurs.

Les pays en (voie de) développement

Il n'existe pas de définition homogène de cette expression apparue dans le courant des années 50. La Banque Mondiale et l'OCDE utilisent chacune des critères spécifiques de classement. Certains critères peuvent toutefois être retenus : un approvisionnement insuffisant d'une grande partie de la population en produits alimentaires, un faible revenu par habitant, un état de santé déficient d'une grande partie de la population, un niveau d'éducation insuffisant, un fort taux de chômage et un faible niveau de vie pour beaucoup, en même temps qu'une répartition extrêmement inégale des biens et des servces disponibles.

La question des inégalités Nord-Sud

S'il semble possible de contraindre les pays du Nord, où les standards de vie et de consommation sont très élevés, à limiter drastiquement leurs activités polluantes (ou à trouver et utiliser des technologies moins ou non polluantes), la question est bien différente pour les pays en développement.

Une grande partie de la population mondiale vit dans des conditions de grande pauvreté : plus de 1,1 milliard d'humains vivent encore avec moins d'un dollar par jour ; un tiers des habitants de la terre n'ont pas accès à l'eau potable ; 113 millions d'enfants d'âge scolaire ne fréquentent pas l'école, et 97 % d'entre eux vivent dans des pays en voie de développement.

On imagine mal comment interdire, au nom de la protection du climat, aux habitants de ces pays de construire des usines, de s'équiper de moyens de transport modernes, de se nourrir de façon plus riche et diversifiée. Ils ne sont en effet pas responsables de la grande majorité des gaz à effet de serre actuellement accumulés dans l'atmosphère. à l'échelle mondiale, améliorer les conditions de vie de ces populations constitue à n'en pas douter une priorité absolue.

Cela semble signifier, dans les conditions actuelles des techniques agricoles et des technologies, qu'il faudra encore prévoir, de la part de pays comme l'Inde, les pays d'Afrique subsaharienne, certains états d'Amérique du Sud, des émissions croissantes de gaz à effet de serre. Le chemin pris actuellement par la Chine montre la rapidité potentielle de la croissance et de ses conséquences en termes d'effet de serre.

Le devoir des pays du Nord semble alors être d'aider ces populations à améliorer leurs conditions de vie, tout en limitant leurs émissions de gaz à effet de serre, directement et indirectement : directement, en partageant les progrès technologiques qui leur permettront de réduire les émissions de gaz à effet de serre sans limiter leur développement ; indirectement, en modifiant au Nord les modes de consommation et les productions pour les rendre moins polluants, le but étant de laisser un certaine marge aux habitants des pays actuellement les moins avancés sans que le climat mondial ne soit atteint de façon irréversible.

Quelles sont les activités les plus émettrices ?

Beaucoup d'activités, que nous trouvons aujourd'hui indispensables parce que nous nous sommes habitués au confort qu'elles nous apportent, produisent des gaz à effet de serre.

À l'échelle de la planète, le CO_2 est largement majoritaire parmi les gaz à effet de serre d'origine humaine : il est responsable, actuellement, de 55 % de ce type d'effet de serre. La source principale d'émissions de CO_2 est la production d'énergie par combustion. Les transports routiers et aériens, qui fonctionnent à l'essence et au kérosène, les usines et les centrales électriques qui tirent leur énergie du pétrole ou du charbon, tous les systèmes de chauffage qui utilisent la combustion de pétrole ou de gaz, sont par conséquent de gros émetteurs de CO_2.

Vient ensuite le méthane (responsable de 15 % de l'effet de serre), essentiellement produit par certaines formes d'agriculture, en particulier, l'élevage intensif, et les cultures inondées comme la riziculture intensive, mais également par la décomposition des déchets organiques dans les décharges.

Viennent enfin les gaz utilisés pour la réfrigération et la climatisation, émis lorsque réfrigérateurs, congélateurs et climatiseurs arrivent en fin de vie, et d'autres gaz, comme l'oxyde nitreux (N_2O) produit notamment par la combustion des moteurs, ou l'hexafluorure de soufre (SF_6) émis par certains procédés industriels (fonderies, construction d'équipements électriques...).

Pour limiter les émissions mondiales de gaz à effet de serre, se présentent alors, logiquement, trois types de solutions : la première consiste à trouver des techniques et des technologies qui émettent moins (ou, idéalement, pas du tout) de gaz à effet de serre. La seconde consiste à limiter notre usage de ces technologies, et la troisième, à récupérer les gaz que nous émettons et à les stocker autre part que dans l'atmosphère.

Changer de technologies

Pour limiter le changement climatique sans limiter notre train de vie, une série de solutions consiste à trouver des technologies qui permettent de produire autant, mais en rejetant moins de gaz à effet de serre.

Il faudrait améliorer le rendement énergétique des procédés de production, de chauffage ainsi que des appareils tels que réfrigérateurs, téléviseurs, en particulier dans les pays où la production d'énergie est essentiellement issue des énergies fossiles. Des progrès ont déjà été réalisés dans de nombreux domaines.

À titre d'exemple, une maison construite aujourd'hui consomme 60 % d'énergie de moins qu'une maison construite dans les années 1960.

Des industries moins polluantes

Concernant les procédés de production, il existe des technologies qui rejettent moins de gaz à effet de serre tout en produisant autant, mais elles coûtent souvent beaucoup plus cher que celles qu'on utilise actuellement. Et surtout, dans les pays déjà industrialisés, leur mise en place nécessite de changer les techniques de production, d'aménager les usines, d'utiliser de nouveaux matériaux... Cela représente de grosses dépenses, et plus on perfectionne la production pour la rendre moins polluante, plus cela coûte cher. Plus exactement, il est coûteux d'investir au moment où l'on modifie le processus de fabrication, mais si l'on calcule à plus long terme, de tels investissements permettent de faire des économies.

Si le système est efficace, on peut en effet consommer moins d'énergie et de matières premières pour produire le même bien, ce qui permet finalement de réaliser des économies. Ceci est particulièrement vrai aujourd'hui, et le sera de plus en plus, étant donné la pénurie annoncée de certaines matières premières particulièrement utilisées : notamment le pétrole et le gaz naturel, qui constituent des réserves limitées et dont on sait aujourd'hui que leur pic de production est proche. Après ce pic, leur production diminuera jusqu'à disparaître.

On constate pourtant que beaucoup d'industriels préfèrent gagner ou économiser de l'argent tout de suite, et continuer d'utiliser des procédés très polluants, quelles que soient les conséquences dans le futur. C'est la raison pour laquelle des incitations, comme les taxes sur les activités polluantes ou bien des aides ou des crédits d'impôt pour ceux qui investissent dans des systèmes plus sobres, peuvent se révéler très utiles. Il faut néanmoins les mettre en œuvre avec prudence si l'on ne veut pas voir les entreprises délocaliser leur production pour échapper à ce type de mesures.

Produire l'énergie autrement ?

En matière d'énergie, de gros efforts sont actuellement faits pour développer des énergies propres, c'est-à-dire des sources d'énergie moins polluantes.

L'énergie nucléaire, largement utilisée en France pour produire notre électricité quotidienne, n'émet pas de gaz à effet de serre. Mais d'autres caractéristiques font qu'elle ne peut être considérée comme une énergie propre : elle utilise des produits extrêmement dangereux, et rejette des déchets radioactifs potentiellement toxiques pour l'environnement et pour la santé humaine, et dont on a beaucoup de mal à se débarrasser. C'est donc loin d'être la solution idéale.

Les éoliennes, les panneaux solaires, les barrages hydroélectriques, utilisent la force du vent, la chaleur du soleil et la force motrice de l'eau, et n'émettent pas de gaz à effet de serre. Mais pour le moment, on n'arrive à produire ainsi que de petites quantités d'énergie, de surcroît, difficiles à stocker et à transporter. Il faut donc les utiliser localement. On pourrait imaginer que chacun équipe sa maison ou son immeuble en panneaux solaires, mais ce sont des équipements lourds, et relativement coûteux à l'installation, même si leur prix est à la baisse. Quant aux éoliennes, beaucoup les trouvent peu esthétiques et trop bruyantes : leur installation rencontre souvent des résistances locales. Malgré ces inconvénients, combiner ces formes d'énergies renouvelables* avec une diminution générale de la consommation d'énergie représente la meilleure alternative pour limiter à la fois le risque climatique et le risque nucléaire.

***Les énergies renouvelables**

Ces sont des énergies dont la source n'est pas épuisable, par opposition aux combustibles fossiles. L'énergie solaire, éolienne, hydraulique sont les principales formes d'énergies renouvelables exploitées actuellement. Il existe aussi les bio-énergies (biocarburants, bois énergie) qui se développent actuellement en raison de la recherche de produits de substitution aux énergies fossiles.

Recourir aux biotechnologies ?

On sait que certaines plantes, comme le riz, ou certains animaux comme les vaches, émettent du méthane par le biais de la fermentation.

Des agronomes réfléchissent à des méthodes d'élevage ou de culture du riz qui permettraient de réduire ces émissions. Pour les vaches par exemple, les chercheurs en agronomie ont montré qu'il est possible, notamment grâce aux espèces de plantes génétiquement modifiées, de leur fournir une alimentation qui réduit la fermentation dans leurs intestins. On a pensé aussi à utiliser les biotechnologies pour obtenir des variétés de riz moins émettrices de méthane.

Le problème est que la manipulation génétique des végétaux pose à son tour un certain nombre de questions d'ordre éthique, écologique, sanitaire, et économique, qui n'ont pas encore été résolues.

Là encore la meilleure attitude est sans doute de recourir au principe de précaution et de chercher des solutions moins risquées.

Séquestrer le carbone

Plutôt que d'émettre moins de gaz à effet de serre, certains ont cherché des solutions pour stocker le carbone contenu dans le CO_2 atmosphérique, et créer ainsi différents types de puits de carbone, c'est-à-dire des réservoirs capables d'absorber du CO_2 atmosphérique et d'en stocker le carbone.

Le premier est l'océan qui piège la majeure partie du CO_2 atmosphérique par l'intermédiaire du plancton. Le second est la végétation, en particulier les forêts qui absorbent du CO_2 grâce à la photosynthèse. Enfin, les sols constituent un puits de carbone naturel.

Des forêts comme puits de carbone

L'idée la plus intéressante consiste sans doute à planter d'importantes surfaces de forêts, pour que les arbres absorbent une partie du CO_2 atmosphérique. Si cette solution peut paraître excellente, elle n'est cependant pas la panacée.

En premier lieu, parce qu'on ne sait pas exactement quelle est la capacité d'absorption des différentes forêts. Biologistes et physiciens étudient de près le fonctionnement des forêts et le cycle du carbone, mais ils n'ont pas encore suffisamment de connaissances pour calculer précisément la capacité de stockage de tous les types de forêts.

En second lieu, les incendies de forêt provoquent des émissions de CO_2 au moins aussi importantes que les quantités absorbées par photosynthèse. Il faudrait donc être sûr de pouvoir empêcher les incendies de forêt, ce que nous ne savons pas faire.

Enfin, si les arbres absorbent de grandes quantités de CO_2 lors de la phase de croissance, ce n'est plus le cas arrivés à maturité, où la respiration compense les effets de la photosynthèse. Les arbres peuvent alors à tout moment libérer le CO_2 fixé, soit par décomposition naturelle, soit par suite d'une déforestation. Il faut alors être sûr, lorsque l'on plante une forêt pour en faire un puits de carbone, que le bois sera utilisé comme matière première, pour construire des maisons par exemple, afin de renouveler les forêts régulièrement dès que les arbres arrivent à maturité. L'efficacité de cette solution dépend de la bonne gestion des puits de carbone ainsi plantés, et du devenir des forêts une fois arrivées à maturité.

On pourrait aussi créer artificiellement des variétés de plantes qui retiennent de grandes quantités de carbone, mais que faire de ces plantes une fois matures ? Il faudrait en effet empêcher leur décomposition, qui sinon rejettera tout le CO_2 absorbé.

Les pièges à carbone dans le sol

En Norvège, les émissions de CO_2 sont très fortement taxées : c'est le principe du pollueur-payeur, selon lequel celui qui pollue doit payer, ce qui doit l'inciter à moins polluer. Les entreprises pétrolières norvégiennes, pour payer moins de taxes, ont développé un système original pour limiter les émissions liées à l'extraction de pétrole en mer du Nord.

On sait que le pétrole provient de la lithosphère, formée par la croûte terrestre et la partie supérieure du manteau. Avec le pétrole est enfermé du CO_2, qui, avec les techniques utilisées habituellement, s'échappe au moment de l'extraction. En Norvège, lorsque les ouvriers extraient le pétrole, ils piègent le CO_2 qui arrive à la surface et le réinjectent dans les sous-sols libérés par l'extraction du pétrole. Cette méthode coûte cher, mais son coût est compensé par le fait que les entreprises qui mettent en œuvre ce procédé sont alors moins taxées, puisqu'elles polluent moins. Sur le même modèle, on pourrait imaginer d'injecter du CO_2 atmosphérique dans des couches de la lithosphère déjà libérées de leur contenu par des forages, là où l'on a exploité des gisements de pétrole ou de gaz depuis de nombreuses années.

Et si on consommait moins ?

Chacun de nous possède une part de responsabilité dans les émissions globales de gaz à effet de serre, puisque beaucoup de nos activités quotidiennes en émettent. Il faudrait donc tout d'abord connaître les conséquences de nos actes et réduire nos activités polluantes, faisant ainsi preuve de solidarité avec le reste de la planète, et avec les générations futures : moins nous polluons aujourd'hui, moins les futures générations auront à subir les conséquences du réchauffement.

En France, en Europe et dans les autres pays dits développés, nous possédons en effet un niveau de vie élevé. Nous voyageons, nous mangeons de façon riche et diversifiée, nous achetons des objets et des équipements pour nous faciliter la vie, pour les loisirs, pour le plaisir. Cette opulence a des impacts sur le climat et, de manière plus générale, sur l'ensemble des ressources planétaires : eau, sols, biodiversité, forêts, matières premières.

La solution la plus simple pourrait être alors de réduire toutes nos activités les plus émettrices, et que chacun d'entre nous décide de n'utiliser qu'occasionnellement sa voiture, de ne plus prendre l'avion, de consommer moins de viande et de produits manufacturés, mais plus de produits locaux (car le transport de marchandises émet énormément de CO_2 et de N_2O), de moins se chauffer, etc. Ces gestes simples permettraient de réduire une partie des émissions polluantes.

Consommer moins permet en outre de faire des économies : si l'on a vraiment besoin d'une voiture, choisir celle qui consomme peu revient moins cher qu'acheter un 4x4. De même, en roulant moins vite, on pollue moins et on économise du carburant.

Des gaz à effet de serre dans notre assiette

Lorsque nous nous alimentons, différentes sources d'émissions sont pour ainsi dire regroupées dans notre assiette : le transport, la production industrielle, l'agriculture et l'énergie.
Les transports sont ceux effectués par les marchandises de leur lieu de production à celui de commercialisation, et ceux effectués par le consommateur entre son domicile et le magasin. L'industrie produit les camions qui transportent les marchandises, les emballages des aliments, et leur traitement en fin de vie. L'énergie utilisée pour transformer la nourriture est aussi à prendre en compte pour établir la quantité de gaz à effet de serre dans notre assiette. Enfin, l'agriculture et la pisciculture, qui offrent la matière première (viande, poisson, fruits et légumes, boissons) utilisent pour fonctionner des machines ou des techniques qui émettent des gaz à effet de serre (tracteurs émettant du CO_2*, engrais générant du* N_2O*, fermentations produisant du méthane...). On peut estimer que 30 % des émissions françaises de gaz à effet de serre sont liées à la nourriture*[4].

À chaque type d'aliments ne correspond pas la même quantité de gaz à effet de serre ; certains en contiennent bien plus que d'autres, la viande par exemple. La consommation de viande nécessite beaucoup de ressources : il faut 10 kg d'orge ou de blé pour produire 1 kg de viande. Manger beaucoup de viande suppose une agriculture intensive car il faut produire d'importantes quantités de végétaux pour nourrir les animaux. En se décomposant, les engrais azotés utilisés en agriculture intensive émettent du protoxyde d'azote, 300 fois plus "réchauffant" que le CO_2*. Par ailleurs, les ruminants émettent du méthane (un gaz 23 fois plus "réchauffant" que le* CO_2*) à cause de la fermentation dans leur système digestif.*

---

4 Source : www.manicore.com

Si l'on fait la somme de toutes ces sources, il s'avère que la production d'1 kg de bœuf engendre près de 80 fois plus de gaz à effet de serre qu'1 kg de blé, et représente l'équivalent de 60 km en voiture !

Le bœuf et le porc sont surtout sources d'émission de méthane, le mouton de protoxyde d'azote, et la volaille de CO_2. Le niveau d'émission est très haut pour le bœuf et le mouton, et plus faible pour le porc et la volaille. En 2000, les émissions attribuées à la consommation de viande en France atteignaient environ 7,1 millions de tonnes d'équivalent CO_2.

Pour réduire son impact sur le climat à travers l'alimentation, il faudrait donc consommer moins de viande, et parmi les viandes, moins de bœuf et de mouton. Consommer des produits locaux et de saison permet également de contribuer à l'effort, en réduisant le recours aux transports aériens et routiers. De plus, les produits frais contiennent généralement moins de conservateurs chimiques que les produits parcourant de longues distances. Un agneau de Nouvelle-Zélande acheminé par avion a demandé 4 à 5 fois plus d'énergie qu'un agneau élevé localement. Un fruit importé hors saison par avion consomme pour son transport 10 à 20 fois plus de pétrole que le même fruit produit localement et acheté en saison.

L'un des obstacles à cette solution, et qui explique sans doute pourquoi les campagnes d'information à ce sujet sont rares ou discrètes, réside dans notre système économique : nous dépendons d'un système qui est fondé sur la croissance économique, ou plus exactement sur le taux de croissance du produit intérieur brut.

Chaque jour dans tous les medias, on peut lire que si la croissance était plus forte, si nous consommions plus, il y aurait plus d'emplois et notre moral irait mieux. On va jusqu'à confondre très exactement le "moral des français" avec la consommation des ménages !

Comment, alors, inciter chacun à moins acheter, à moins voyager, à moins dépenser, si notre économie repose entièrement sur la consommation ? La difficulté est accrue par le fait que les économies de tous les pays du monde sont intimement liées, et qu'un pays qui déciderait de sortir de cette logique se sentirait menacé économiquement.

Il faudrait alors peut-être changer complètement de point de vue, et imaginer une économie mondiale qui reposerait sur des logiques de solidarité plutôt que sur la concurrence à tout prix, et surtout qui valoriserait le développement d'activités moins polluantes et moins prédatrices en termes de ressources. En d'autres termes, on pourrait envisager qu'au lieu de produire sans cesse plus, nos économies se structurent autour de l'objectif de produire mieux.

Consommer mieux est également assez simple : on peut par exemple économiser sur son chauffage si on améliore l'isolation de son logement. à terme, il s'agit d'un investissement rentable. Les produits de l'agriculture biologique ont la réputation d'être chers, mais le prix des produits alimentaires précuisinés est encore plus élevé. En accordant quelques minutes de plus par jour à la préparation de ses repas, on peut diminuer ses émissions et régaler ses papilles pour le même coût.

Mieux concevoir la ville et les transports

Outre des techniques de production économes en énergie, il est essentiel de penser les infrastructures de transport, l'urbanisme et les constructions (équipements, habitations) lors de leur construction ou réhabilitation, à la lumière de l'économie d'énergie.

Le transport représente en France, à lui seul, 42 % des émissions de CO_2 des ménages. Si on y ajoute le chauffage des logements, on atteint 57 %. Les infrastructures sont donc déterminantes sur nos émissions de gaz à effet de serre. Il est alors essentiel de trouver le moyen de limiter au maximum les déplacements polluants (voiture, camion, etc.).

Une ville dans laquelle circulent de nombreux tramways, métros et autobus, permet à ses habitants de se déplacer sans utiliser leur voiture : c'est autant de rejets de gaz à effet de serre évités. à l'inverse, un urbanisme lâche, où la ville s'étend en banlieues pavillonnaires simplement liées au centre ville par des routes, contraint à l'utilisation massive de la voiture, surtout si les commerces, les lieux de travail et de loisirs, sont absents des zones d'habitation. Voilà pourquoi les choix d'urbanisme et d'infrastructures sont essentiels, surtout si l'on considère leur impact à long terme : on ne construit pas des routes et des maisons pour quelques années seulement, ce sont des choix qui engagent plusieurs générations.

En la matière, les grandes villes des pays en développement, actuellement en pleine croissance, nécessitent toutes les attentions pour concilier développement et respect de l'environnement.

Des choix politiques

Chacun de nous peut faire quelque chose à son niveau en révisant son mode de consommation, mais chacun doit également agir en tant que citoyen. Nous votons et devons exiger de nos gouvernants un engagement plus clair dans la lutte contre l'effet de serre. Cet engagement peut se faire à plusieurs niveaux.

Au niveau international, il s'agit de s'engager, au-delà des discours, pour limiter nos émissions et pour aider ceux qui sont encore en plein développement à ne pas trop augmenter les leurs, en leur facilitant par exemple l'accès à des technologies moins polluantes.

À l'intérieur du pays, l'engagement de l'état en faveur de la lutte contre l'effet de serre peut passer par divers types d'actions. Il peut agir de manière incitative, en favorisant par exemple les entreprises qui font le plus d'efforts pour produire moins de gaz à effet de serre, et en encourageant les recherches en faveur d'énergies et de modes de production plus propres. L'incitation des entreprises peut passer par des taxes ou des aides fiscales, ou par des réglementations. L'état peut également agir dans les secteurs où il a une influence directe, par exemple sur les infrastructures de transport, en favorisant le rail et le fret fluvial par rapport à la route, ou dans le secteur du bâtiment, en gérant son parc immobilier de manière à privilégier systématiquement des équipements moins émetteurs de gaz à effet de serre.

À l'échelle locale, nos représentants élus peuvent aussi s'engager dans la lutte contre l'effet de serre, à travers leur politique de transport, d'urbanisme, de construction et de rénovation, ou encore d'appui à la recherche et d'aide au développement économique local.

En tant qu'individu, notre comportement et nos choix individuels et collectifs ont une influence directe sur l'effet de serre. Outre le vote, on peut adopter au quotidien un comportement citoyen, par exemple en se mobilisant au niveau de son quartier, au sein d'une association ou dans son entreprise.

Les multiples initiatives locales observées en France montrent que le citoyen a la possibilité de se mobiliser contre l'effet de serre, de changer ses pratiques et son environnement. Le covoiturage ou la mise en place de la démarche SD 21 000* dans l'entreprise peuvent se faire à l'initiative des salariés. Chacun peut exprimer ses attentes ou ses besoins en termes de déplacement, d'urbanisme, au sein des conseils et des maisons de quartier.

Les instruments de démocratie participative se mettent en place dans les quartiers et les communes. Ils ne peuvent fonctionner et prendre de l'ampleur que si les citoyens s'en saisissent ou les provoquent.

L'avis des citoyens

"*Nous, citoyens, à la lumière des données scientifiques actuelles, sommes convaincus que c'est notre mode de vie qui génère une quantité de gaz à effet de serre supérieure à ce que notre planète peut absorber de façon naturelle. (...) Il en résultera des changements climatiques mondiaux qui deviendront de moins en moins maîtrisables dans le temps.*

Face aux conséquences désormais prévisibles du changement climatique, il est urgent que nous prenions collectivement conscience de l'ampleur du phénomène et de ses effets.
Nous, citoyens, considérons que le problème lié aux changements climatiques nous concerne tous et ne doit plus demeurer l'apanage des scientifiques et des politiques.
Seule l'émergence d'instances de concertation destinées à favoriser le débat public, telles que cette conférence de citoyens, nous fera prendre la mesure du problème et changer nos comportements en conséquence (...).
Le citoyen n'est pas un intermittent de la vie politique mais l'acteur à part entière de son devenir. De même que les changements climatiques ne connaissent pas de frontières, la citoyenneté peut être le vecteur d'une solidarité universelle, seul comportement rationnel et responsable face à un choix crucial :
- soit nous continuons dans la voie actuelle d'une croissance économique forte et nous sacrifions les générations futures,
- soit nous modifions radicalement nos comportements et nous garantissons un développement durable de notre planète."

Cet extrait est issu du rapport produit par des citoyens français. En 2001, la Commission française du développement durable (commission indépendante chargée de proposer aux pouvoirs publics les orientations d'une politique de développement durable), avec la Cité des Sciences et de l'Industrie, organisait une conférence de citoyens sur le thème "citoyenneté et changements climatiques".

Il s'agissait de réunir un panel de citoyens, de diverses origines sociale et géographique, et de leur donner les moyens de se former, ensemble, une opinion éclairée sur la question du changement climatique. Formés par des spécialistes (universitaires et experts) aux différents aspects de la question, ils ont alors été à même d'appréhender les enjeux scientifiques, techniques, politiques, économiques, soulevés par la question du changement climatique. Ils ont pu ensuite exercer en toute liberté d'esprit leur responsabilité citoyenne en produisant, collectivement, un avis et des recommandations quant aux choix politiques qui leur semblaient devoir être faits pour traiter le problème du réchauffement.

Le rapport ainsi produit formule un grand nombre de recommandations : parmi elles, par exemple, on trouve la création d'un fonds mondial d'indemnisation des catastrophes climatiques, la limitation de la vitesse en voiture, un plan de sortie du nucléaire sur le long terme ou encore la taxation du kérosène.

Ce texte met surtout en avant le rôle crucial de l'exercice de la citoyenneté pour traiter une question technico-politique aussi complexe que celle de l'effet de serre. Cette expérience enrichissante a montré que des citoyens non spécialistes pouvaient s'emparer pleinement d'une question souvent présentée comme trop difficile et laissée aux mains des spécialistes, et proposer des mesures largement aussi réfléchies, aussi argumentées, et beaucoup plus engagées que celles proposées par les décideurs politiques.

S'appuyer sur l'avis des citoyens, et sur leur capacité et leur volonté à changer leurs comportements, pourrait bien être le meilleur soutien d'une politique engagée pour lutter contre le changement climatique, contrairement à ce que l'on entend souvent dire. Pour cela, il faut les informer et les former sérieusement aux questions qui les concernent.

Chapitre 5

Que fait-on ?

Les actions intergouvernementales

C'est en 1979 que, désireuse d'alerter l'opinion et les décideurs politiques sur le sort du climat de la terre, l'Organisation Météorologique Mondiale prenait l'initiative d'une première Conférence internationale sur le climat, organisée à Genève.

À cette occasion, furent présentées à un public plus large que la sphère scientifique les découvertes et les inquiétudes des climatologues au sujet de l'évolution du climat.

En 1990, lors d'une seconde conférence internationale (toujours à Genève), 137 états, s'appuyant sur les résultats du premier rapport du GIEC, préconisaient l'instauration d'une Convention internationale sur les changements climatiques. L'alerte des scientifiques avait porté ses fruits et débouché sur une prise de conscience : il s'agissait de s'engager collectivement dans un effort de réduction, qui ne servirait à rien s'il n'était pas accompli par tout le monde.

En 1992, lors du Sommet de la Terre, qui réunit à Rio des représentants (hommes politiques et scientifiques) de 178 pays, pour discuter de l'état de notre planète et des moyens de l'améliorer, fut signée une "Convention cadre sur les changements climatiques". Tous les signataires s'engageaient à poursuivre les négociations en vue de réduire les émissions de gaz à effet de serre.

Se sont tenues par la suite plusieurs conférences destinées à imposer à tous les pays industrialisés des limites précises à leurs émissions de gaz à effet de serre (GES), en fonction de ce qu'ils émettaient déjà. Le protocole de Kyoto, arrêté en mars 1999, a fixé les engagements de réduction d'émission de GES pour 38 pays industrialisés. Ce protocole est entré en vigueur le 16 février 2005. Suivant les termes de cet accord, certains pays doivent rester au même niveau d'émissions, d'autres doivent les diminuer plus ou moins fortement, d'autres ont le droit d'émettre un peu plus mais en restant dans une limite imposée. L'objectif est qu'en 2012, les émissions globales de gaz à effet de serre des 38 pays engagés aient diminué de 5,2 % par rapport aux émissions de l'année 1990. Les différences entre pays ont été âprement négociées, sur la base de leurs émissions de 1990 et de leurs marges d'amélioration potentielles.

Le protocole de Kyoto met à la disposition des pays signataires quelques outils pour les aider à atteindre ces objectifs de réduction, en particulier trois mécanismes de flexibilité qui sont les suivants :

• Le système international d'échanges des permis d'émissions négociables, qui permet aux pays ayant ratifié le protocole de convertir la partie non utilisée de leurs droits d'émissions en permis d'émissions négociables qu'ils pourront vendre, au sein d'une bourse internationale, à des pays ayant trop émis.

• Les mécanismes de développement propre : les pays industrialisés ou les entités publiques (collectivités territoriales) et privées (entreprises, associations) originaires de ces pays, peuvent aider à financer et à réaliser des projets de réduction d'émission dans des pays en développement. En échange, ils se voient attribuer des droits supplémentaires d'émission correspondant à ces émissions évitées.

• La mise en œuvre conjointe : les pays industrialisés peuvent aider les pays dits en transition vers une économie de marché (ex-URSS et pays de l'Est) à réaliser des projets de réduction des émissions ; ils bénéficient en retour de crédits d'émissions.

Des pays inégalement engagés

Malheureusement, beaucoup de pays n'ont toujours pas signé leur engagement. C'est le cas en particulier des États-Unis, le pays qui est pourtant le plus pollueur de la planète en matière d'effet de serre (plus de 20 % des émissions mondiales). Mais les Américains sont particulièrement attachés à leur niveau de vie et à leur croissance économique, et retardent au maximum leur engagement à limiter les émissions de gaz à effet de serre. Pour refuser de signer le protocole, ils se sont longtemps appuyés sur l'incertitude des scientifiques quant à la réalité du changement climatique, puis plus récemment sur la capacité des hommes à inventer des technologies qui contreront le réchauffement. Toutes les excuses semblent bonnes. Pourtant, en attendant, des actions se mettent en œuvre sur le territoire américain, à l'initiative des citoyens ou des entreprises.

La Chine n'a pas non plus ratifié ce protocole, bien qu'il s'agisse d'un pays immense, déjà au second rang des émetteurs mondiaux de gaz à effet de serre, gros consommateur d'énergies fossiles, et actuellement en pleine croissance.

Les pays en développement n'ont pas pour le moment signé d'engagement à limiter leurs émissions : l'engagement des seuls pays du Nord constitue en quelque sorte une reconnaissance de la "dette écologique" que ceux-ci ont contractée vis-à-vis des pays du Sud, en injectant de grandes quantités de gaz à effet de serre dans l'atmosphère depuis plusieurs décennies. Néanmoins, lors de prochains cycles de négociations, il faudra que les pays du Sud s'engagent également afin que leur développement ne se traduise pas par une trop forte augmentation des émissions, ce qui mettrait à mal les efforts entrepris.

Si le protocole de Kyoto est enfin entré en vigueur, les premiers calculs effectués depuis sa signature montrent malheureusement que la plupart des pays signataires émettent encore trop de gaz à effet de serre pour pouvoir atteindre en 2012 le niveau d'émissions auquel ils se sont engagés.

Ceux qui ne sont pas d'accord ...

Ceux qui ont besoin de beaucoup d'énergie pour leurs activités (les patrons d'usines polluantes, les fabricants et les vendeurs d'essence, les fabricants de voitures, etc.) se rendent compte que réduire leurs émissions de gaz à effet de serre leur demandera de gros efforts d'investissement. Certains sont d'accord pour faire ces efforts, mais d'autres font tout leur possible pour empêcher leur gouvernement de prendre des mesures qui leur nuiraient. C'est entre autres le cas des "lobbies pétroliers", dont l'intérêt est de freiner au maximum les engagements de réduction pris par les pays qui les abritent. Les gouvernements sont sensibles aux demandes des producteurs d'énergie, de pétrole, etc., puisqu'ils produisent des richesses et des emplois. C'est une des raisons pour lesquelles les négociations internationales en cours, pour limiter d'un commun accord les émissions de gaz à effet de serre, sont lentes et pleines de rebondissements.

Il existe aussi des pays dont toute l'économie repose sur l'exploitation du pétrole. C'est du pétrole de leur sous-sol qu'ils tirent l'essentiel de leurs richesses. S'il faut consommer moins de pétrole, ils en vendront moins et leur économie en souffrira. Ces pays n'ont pas intérêt à accepter une diminution de leurs revenus pour lutter contre les changements climatiques. Il est logique qu'ils fassent leur possible pour ralentir les négociations en cours.

Malgré ses nombreuses imperfections et le caractère limité des ambitions de réduction qu'il a fixées, le protocole de Kyoto constitue un premier pas notable. Il faut progresser sur cette voie d'une régulation internationale du climat, puisqu'il s'agit bien d'un problème à l'échelle mondiale qui ne pourra être résolu sans une action collective internationale.

Le marché des droits à polluer

La ratification du protocole de Kyoto a entraîné la mise en place d'un marché des "droits à polluer" pour accompagner les entreprises dans la réduction de leurs émissions.
Les entreprises responsables d'importantes émissions de gaz à effet de serre se voient attribuer un certain nombre de droits à polluer. Elles sont alors autorisées à émettre ces gaz sous certaines conditions jusqu'à un certain niveau. Au-delà, elles doivent soit racheter des droits, soit payer une amende. Si elles diminuent leurs émissions, elles peuvent alors revendre leurs droits à polluer à d'autres.

La Commission européenne a attribué des quotas d'émission de gaz carbonique (CO_2) à 12 000 sites industriels, appartenant à six secteurs d'activité, dans les 25 pays membres. En France, 1 140 sites sont concernés. Les exploitants qui auront observé un comportement vertueux en matière d'émissions seront en mesure de monétiser leurs quotas en les cédant à des sites plus polluants. En cas de dépassement, les entreprises devraient s'acquitter d'une amende de 40 euros pour chaque tonne émise au-delà de leur quota, la pénalité s'élevant à 100 euros la tonne en 2008. Ce marché européen est ouvert depuis février 2005. à cette date-là, la tonne de CO_2 s'échangeait à environ 10 euros ; en juillet 2005, elle atteignait 30 euros.

On pourrait également envisager d'appliquer le principe pollueur-payeur, la réglementation, la taxation et/ou la subvention.
Quelle que soit la solution choisie, il reste de nombreuses questions et des freins d'ordre technique (peut-on calculer exactement les émissions de chaque usine ?), économique (les entreprises riches paieront les droits à polluer et continueront à polluer au lieu de modifier leur processus de production) et moral (comment les petites entreprises s'adapteront-elles ?, est-ce que seules les grandes auront accès au marché ?).

La difficulté consiste à établir un système qui permette réellement d'aller vers une forte réduction des émissions, sans trop privilégier certaines entreprises par rapport à d'autres, et sans risquer d'entraîner des faillites ou des délocalisations.

Les actions du gouvernement français

À la suite de la conférence de Kyoto, le gouvernement français s'est engagé à ramener en 2010 ses émissions de gaz à effet de serre à leur niveau de 1990.
Depuis, deux plans de lutte contre l'effet de serre ont été mis au point. Le premier n'a pas eu l'efficacité escomptée car les moyens d'application (en particulier les moyens financiers) n'ont pas été à la hauteur des ambitions.

Le Plan climat 2004, qui vient d'être voté pour succéder au précédent, propose quelques mesures dans tous les domaines de l'économie et de la vie quotidienne concernés par les rejets de gaz à effet de serre.

L'ambition affichée de la France est non seulement de respecter le protocole de Kyoto, mais d'aller au-delà en divisant par quatre ses émissions d'ici 2050.

En France, la moitié des rejets de gaz à effet de serre vient de nos usages quotidiens et individuels d'énergie, l'autre moitié est générée par des activités industrielles et agricoles, et des échanges commerciaux. Parmi les différentes activités émettrices de gaz à effet de serre, les transports (déplacements de personnes et de marchandises) viennent largement en tête : ils contribuent pour 25 % environ aux émissions totales de gaz à effet de serre. La production industrielle et la production agricole émettent chacune environ 20 % des gaz à effet de serre. 18,4 % des émissions totales sont dues au chauffage des logements (chauffage au fuel et au gaz), et 2,6 % au traitement des déchets. Enfin, la production d'énergie (pour les usages industriels et domestiques) est responsable de 13 % des émissions[5].

Les transports sont visés comme un objectif prioritaire dans le Plan climat. L'état s'est engagé à encourager la construction d'infrastructures favorables à l'environnement (voies ferrées, ferroutage, pistes cyclables et voies vertes…), limitant la part du transport routier, qui est le plus gros émetteur de CO_2. Développement des biocarburants, amélioration de la motorisation, étude sur la taxation des transports aériens et du kérosène (le carburant des avions) au niveau européen, sont les principales mesures. Malgré les efforts, les transports restent le secteur d'activité le plus polluant en termes de gaz à effet de serre. Et comme le développement économique va de pair avec une augmentation des échanges, donc des transports, les améliorations techniques ne compensent pas encore l'essor des échanges.

---

5 Source : CITEPA (Centre interprofessionnel technique de la pollution atmosphérique), 2000

La deuxième série de mesures concerne le bâtiment : crédits d'impôts pour ceux qui s'équipent de systèmes de chauffage économes en énergie, application de critères énergétiques dans la construction et la rénovation de urbaine, ...

Le Plan climat contient également des mesures concernant l'agriculture et les forêts, comme la maîtrise des fertilisations azotées (qui émettent du N_2O), et le développement de la valorisation du bois (sous forme de bois énergie* et bois de construction), afin d'améliorer le rôle de puits de carbone des forêts.

Le bois énergie

C'est une utilisation des résidus de l'exploitation du bois comme énergie de chauffage. C'est une énergie renouvelable dont le bilan en terme d'émissions de CO_2 est neutre si l'on tient compte du carbone réutilisé par la croissance des arbres sur les surfaces replantées. En comparaison avec le chauffage au fioul, l'utilisation de 4 m^3 de bois énergie permet d'économiser 1 tonne de pétrole (tep), et d'éviter en moyenne l'émission de 2,5 t de CO_2 dans l'atmosphère.

Enfin le secteur industriel est concerné en particulier à travers la mise en œuvre d'un Plan national d'allocation des quotas, qui permet aux entreprises d'avoir accès au marché européen d'échange de permis d'émissions.

En parallèle, une campagne d'information et de communication doit permettre de sensibiliser la population française aux économies d'énergie, grâce à différents supports : télévision et radio, Internet, ...

Il faudrait maintenant exiger que les moyens de réaliser ces objectifs soient effectivement mis en œuvre, et additionner aux efforts collectifs les efforts individuels.

Les collectivités locales et le changement climatique

Les collectivités territoriales françaises sont invitées à mettre en place sur leur territoire des Plans climat territoriaux, c'est-à-dire des plans d'action destinés à engager sur leur territoire une politique de lutte contre les émissions de gaz à effet de serre et d'adaptation aux effets du changement climatique. Ces plans doivent permettre des améliorations en matière de transport, d'urbanisme, d'aménagement, etc. Ils doivent s'accompagner d'outils d'évaluation des émissions, afin de pouvoir suivre les progrès réalisés, et également d'actions d'information et de mobilisation du public.

Les déplacements urbains et interurbains sont, ici encore, concernés au premier chef. L'objectif est de limiter les émissions de CO_2 liées à l'utilisation de la voiture, en combinant politique des transports et aménagement urbain. Il s'agit de limiter au maximum les déplacements motorisés, en rapprochant les lieux de travail, d'achat et de loisirs, du domicile des habitants, en limitant l'étalement urbain, en organisant mieux les systèmes de transports collectifs et en facilitant l'usage de transports individuels sobres en énergie (marche, vélo, roller).

Les collectivités territoriales ont également la possibilité de prendre des mesures pour améliorer l'efficacité énergétique des bâtiments dont elles sont responsables : bâtiments administratifs et gérés à divers titres par la collectivité (écoles, hôpitaux, théâtres, etc.), logement social, opérations de rénovation urbaine.

Enfin, par des partenariats ou des aides, elles peuvent travailler avec les agriculteurs, les gestionnaires forestiers et les industriels pour qu'ils adoptent des pratiques moins émettrices. Dans le même temps, il s'agit de les inciter ou de les aider à prendre en compte les impacts potentiels des changements climatiques sur leurs activités, et à adopter des stratégies d'adaptation.

Les actions volontaires des entreprises

Dans l'industrie, l'agriculture et les services, certains prennent déjà volontairement des initiatives pour limiter leurs émissions de gaz à effet de serre. On voit par exemple un nombre important de groupes hôteliers signer des chartes environnementales. La diminution de la consommation d'énergie, ce en améliorant l'isolation ou en choisissant des modes d'éclairage et de chauffage plus économes, est souvent le premier de leurs objectifs. L'économie d'eau est également visée en installant des systèmes limitant la pression, ou brise-jets. Quant à la Fédération française de l'acier, elle s'est engagée à réduire de 15 % les émissions de CO_2 par tonne d'acier produit. C'est souvent pour améliorer leur image aux yeux du grand public – qui commence à être informé et à se sentir concerné par ces questions de changements climatiques – que ces entreprises prennent l'initiative de signer des accords de ce type. Elles espèrent alors gagner en terme d'image ce qu'elles perdent en investissement technologique.

En 2002, est née l'association des entreprises pour la réduction de l'effet de serre. Elle regroupe 33 entreprises et 4 fédérations, qui couvrent plus de la moitié des émissions de gaz à effet de serre des secteurs de l'énergie et de l'industrie. Ces entreprises ont organisé un dispositif d'engagements volontaires pour la réduction de leurs émissions de gaz à effet de serre. Ce dispositif fixe les règles à respecter pour les entreprises volontaires.

Des collectivités, des associations et des citoyens mobilisés

Susceptible d'être abordée et traitée à tous les niveaux (individuel, local, national), la question des émissions de gaz à effet de serre mobilise depuis quelques années de nombreux acteurs qui s'engagent volontairement de diverses manières.

Il ne s'agit pas ici d'en dresser la liste, mais il est encourageant de voir que de plus en plus de collectivités s'engagent de leur propre initiative, par exemple à travers un "agenda 21 local*", la réalisation d'un bilan carbone, ou le choix d'une politique de transport et d'aménagement volontariste, à limiter sur leur territoire les émissions de gaz à effet de serre dont elles peuvent avoir une certaine maîtrise.

Des associations ont aussi lancé des actions utiles

pour lutter contre l'effet de serre : participation aux négociations nationales et internationales, diffusion d'informations au public, lancement d'opérations de type "pari contre l'effet de serre", ou mise à disposition du public d'outils de calcul des émissions individuelles, sont autant de formes d'action qui, s'articulant à une action nationale et à l'engagement international, contribueront à l'amélioration du bilan des émissions d'origine humaine.

L'agenda 21 local

C'est un plan d'action, initié par une collectivité territoriale et élaboré en concertation avec les habitants, visant à mettre en œuvre localement, sur un territoire donné, les engagements pour le développement durable adoptés lors du Sommet de la Terre de Rio (1992).

Des paris contre l'effet de serre

Lancé, en France, en novembre 2000 par la ministre de l'Environnement Dominique Voynet, pendant les négociations internationales sur le changement climatique de La Haye, "Le pari contre l'effet de serre" a été mené dans seize pays européens par un collectif d'associations. L'objectif de cette campagne était non seulement de sensibiliser les jeunes au changement climatique, mais également, et surtout, de leur apprendre à réduire leurs propres émissions de CO_2 en adoptant des petits gestes quotidiens et économes en énergie.

Fondé sur une démarche volontaire et responsable, ce pari a suscité un grand enthousiasme. Des milliers de brochures explicatives ont été diffusées dans les écoles, collèges et lycées des pays engagés dans le pari, à la demande d'élèves, de professeurs, ou même de particuliers.

L'association à l'origine du pari a proposé des chéquiers d'économie de CO_2, qui permettent de comptabiliser les émissions de CO_2 évitées en fonction des gestes accomplis : on peut y calculer la quantité d'émissions évitées en baissant le chauffage d'un degré, en utilisant systématiquement le recto et le verso des feuilles de papier, en coupant l'eau pendant qu'on se savonne les mains, en changeant les ampoules halogènes par des ampoules basse consommation, etc. Plus de 300 parieurs se sont engagés entre novembre 2000 et septembre 2001, et ils ont atteint en moins d'un an une réduction totale de près de 190 tonnes de CO_2.

D'autres initiatives ont, depuis, pris le relais du pari, toutes ayant pour principe l'engagement volontaire des individus à réduire leurs émissions personnelles d'émissions de gaz à effet de serre.

L'Agence gouvernementale de l'environnement et de la maîtrise de l'énergie (Ademe) et la Fondation Nicolas Hulot ont lancé, le 24 mai 2005, le Défi pour la Terre. Trois semaines après le début de l'opération, 100 000 personnes se sont engagées. Le compteur mis en place sur le site www.defipourlaterre.org, enregistrait en moyenne 5 000 nouveaux participants par jour au cours de l'été 2005.

Le cumul de petits gestes écocitoyens peut avoir une importance considérable pour la sauvegarde de la planète. Avec 100 000 personnes engagées, les promesses de gestes pour l'environnement correspondent à plus de 62 000 tonnes de CO_2 *évitées.*

Les résultats de ces opérations montrent qu'il s'agit bien de l'affaire de tous, et que les négociations internationales et les décisions politiques ne sont pas la seule voie de réduction des émissions : le changement de comportement de chacun d'entre nous vers des pratiques plus économes en énergie, en eau ou en déchets est également une voie à suivre.

Pour conclure

Aujourd'hui la quasi-totalité des spécialistes s'accordent pour dire que l'homme est en train de perturber durablement, et de manière sans doute irréversible, le climat. En revanche, il semble de plus en plus impossible de prévoir précisément à quelle vitesse se feront ces changements, ni quelles seront exactement les conséquences pour telle ou telle région du globe.

Étant donné l'ampleur des conséquences possibles de ces changements, il serait déraisonnable d'attendre encore que d'autres résultats scientifiques viennent nous éclairer un peu plus. C'est maintenant qu'il faut agir pour limiter les dégâts causés par nos rejets de gaz à effet de serre. Car si nous n'agissons pas ensemble aujourd'hui, ce sont nos voisins, nos enfants et les enfants de nos enfants qui en paieront le prix. Et plus on attendra, plus le défi à relever sera grand, car, en attendant, les gaz continuent de s'accumuler dans l'atmosphère.

Protocole de Kyoto, Plan climat, politiques locales de réduction des émissions, ces différents niveaux de l'action collective sont indispensables à un traitement efficace du problème. Mais les négociations sont difficiles et lentes, et s'il importe que les pays du monde entier s'entendent pour limiter leurs émissions, chacun d'entre nous, à son échelle individuelle et quotidienne, peut et doit également contribuer à la lutte contre l'effet de serre.

Pour mener cette lutte, il faut s'informer et sensibiliser les autres autour de soi. Elle passe aussi par des changements concrets dans nos modes de vie et de consommation : participation à la vie et aux choix de sa collectivité (commune, communauté de communes, département, région), habitudes d'achat, modes de déplacements, choix d'équipement, habitudes de consommation, éducation de nos enfants à des gestes plus respectueux de la planète, sont autant d'occasions d'exercer, dès aujourd'hui, notre rôle de citoyen du monde.

Pour en savoir plus :

les mots à connaître,

les livres à consulter et les sites internet

où s'informer

Les mots à connaître

anthropique

Se dit d'un phénomène résultant de l'action humaine.

cerne

Un des cercles concentriques de la section d'un arbre. Le nombre de cernes permet de connaître l'âge d'un arbre.

coraux

Animaux coloniaux, pourvus d'un squelette externe calcaire, dont la plupart prospèrent dans les eaux chaudes et limpides. Les coraux, constitués en colonies, construisent les récifs coralliens, dont l'importance écologique et géologique est considérable.

delta

Embouchure d'un fleuve divisée en deux ou plusieurs bras par des dépôts d'alluvions et affectant la forme d'un triangle (le delta du Rhône, du Nil). Le fleuve se fraie des chemins dans les alluvions qu'il a accumulées à son débouché sur la mer.

démarche SD 21 000

Outil d'aide au management, proposé par l'AFNOR (Agence française de normalisation) aux entreprises désireuses de s'engager dans une démarche de développement durable. Cet outil permet à l'entreprise d'identifier ses enjeux significatifs, en termes de responsabilité sociétale et environnementale, et de mettre en place, en concertation avec les parties intéressées (salariés, clients, teritoire d'accueil de l'entreprise...) une démarche de progrès, accompagnée d'un système d'évaluation.

écosystème

Ensemble interactif d'une communauté d'organismes vivants avec leur milieu, et des mécanismes expliquant leur distribution et leur abondance.

ère
Grande division chronologique de l'histoire géologique de la terre.

estuaire
Embouchure d'un fleuve où se font sentir les marées. L'eau salée s'y mêle à l'eau douce du cours d'eau pour créer un espace influencé par des eaux saumâtres, propice au développement d'une flore spécifique.

inlandsis
Nom donné à la couche de glace (calotte glaciaire) couvrant les terres polaires.

plancton
Ensemble des micro-organisme vivant dans l'eau. Il en existe deux sortes : le phytoplancton, ou plancton végétal, se développe grâce à la lumière et le zooplancton, ou plancton animal, se nourrit d'autres organismes.

photosynthèse
Mécanisme de base de la production de matière vivante à partir de l'eau, de gaz carbonique, d'éléments nutritifs et de lumière. C'est la chlorophylle qui est l'agent de la photosynthèse.

rétroaction
Un mécanisme est appelé rétroaction lorsque le résultat du processus initial provoque des changements qui influent à leur tour sur le processus initial. Une rétroaction positive intensifie le processus initial et une rétroaction négative l'atténue.

saliniser
Augmenter la teneur en sel de l'eau

sédiments
Dépôts meubles de matière minérale ou organique, laissés par les eaux, le vent ou les autres agents de l'érosion.

Les livres à consulter

Quelques ouvrages pour mieux comprendre

Le climat : jeu dangereux, de Jean Jouzel et Anne Debroise, éditions Dunod

Climat : Chronique d'un bouleversement annoncé, de Didier Hauglustaine, Jean Jouzel et Hervé Le Treut, éditions Le Pommier, "Le collège de la cité" n°10

L'effet de serre. Allons-nous changer le climat ? de Hervé Le Treut et Jean-Marc Jancovici, éditions Flammarion, "Dominos"

Le changement climatique, de Guy Jacques et Hervé Le Treut, éditions UNESCO

L'effet de serre, réalité, conséquences et solutions, de René Ducroux et Philippe Jean-Baptiste, CNRS Éditions

Le réchauffement climatique, de Robert Kandel, éditions PUF, "Que Sais-je ?" n° 3650

Avis de tempête sur le climat, de Robert Kandel et Marie-Odile Monchicourt, Platypus Press

Le climat est-il devenu fou ? de Robert Sadourny, éditions Le Pommier, "Les petites Pommes du Savoir"

L'avenir climatique : quel temps ferons-nous ? de Jean-Marc Jancovici, éditions du Seuil

Climat d'hier à demain, de Sylvie Joussaume, CNRS Éditions / CEA, "Savoir au présent"

Histoire humaine et comparée du climat, de Emmanuel Le Roy Ladurie, éditions Fayard

Quand l'océan se fâche. Histoire naturelle du climat, de Jean-Claude Duplessy, éditions Odile Jacob

Océans et atmosphère, de A. Chapel, M. Fieux, J.-M. Jacques, G. Jacques, K. Laval, M. Legrand et H. Le Treut, Hachette éducation, "Synapses"

Les océans, de Anne-Sophie Archambeau, éditions PUF, "Que sais-je", n° 92

Changements climatiques et forêts, de Antoine Riedacker, éditions Silva

Glaces de l'Antarctique, de Claude Lorius, éditions Odile Jacob

Notre empreinte écologique, de Mathis Wackernagel et William Rees, édition Écosociété

So watt ? L'énergie, une affaire de citoyens, de Benjamin Dessus et Hélène Gassin, éditions de l'Aube

Mode de consommation et de production durables, de l'Unesco et du Pnue, téléchargeable sur Internet (www.unep.org)

Combattre l'effet de serre nous mettra-t-il sur la paille ? de Roger Guesnerie, éditions Le Pommier

Les sites internet où s'informer

Sites institutionnels :

Site du GIEC : *http://www.ipcc.ch*

Site de la convention-cadre des Nations Unies sur les changements climatiques : *http://www.unfccc.int*

Site de la Mission Interministérielle à l'Effet de Serre : *http://www.effet-de-serre.gouv.fr*

Dossier de l'Ademe (Agence gouvernementale de l'environnement et de la maîtrise de l'énergie) sur le changement climatique : *http://www.ademe.fr* ; fichier téléchargeable dans la rubrique “publications”

Site du PNUE (Programme des Nations Unies pour l'Environnement) : *http://www.unep.fr*

Sites associatifs et personnels :

Site français du Réseau Action Climat : *http://www.rac-f.org*

Site de l'association des municipalités européennes pour une politique énergétique durable, Energie - Cités : *http://www.energie-cites.org*

Manicore (site de J.-M. Jancovici) : *http://www.manicore.com*

Un jeu amusant sur le protocole de Kyoto : *http://www.kyogami.com*

Sites d'information ou de vulgarisation scientifique :

Dossier " climat " du CNRS :
http://www.cnrs.fr/cw/dossiers/dosclim

Des conférences sur le Climat enregistrées dans le cadre du Collège de la Cité des sciences :
http://www.cite-sciences.fr, rubrique “conférences”

Les conférences sur l’environnement données dans le cadre de l’Université de tous les savoirs, sur Canal-U :
http://www.canal-u.com, rubrique “Université de tous les savoirs”

Reproduit et achevé d'imprimer en mars 2006
par Aubin Imprimeur à Poitiers,
pour le compte de Gulf Stream Éditeur,
31 quai des Antilles, 44200 Nantes

Dépôt légal - 1re édition : mars 2006